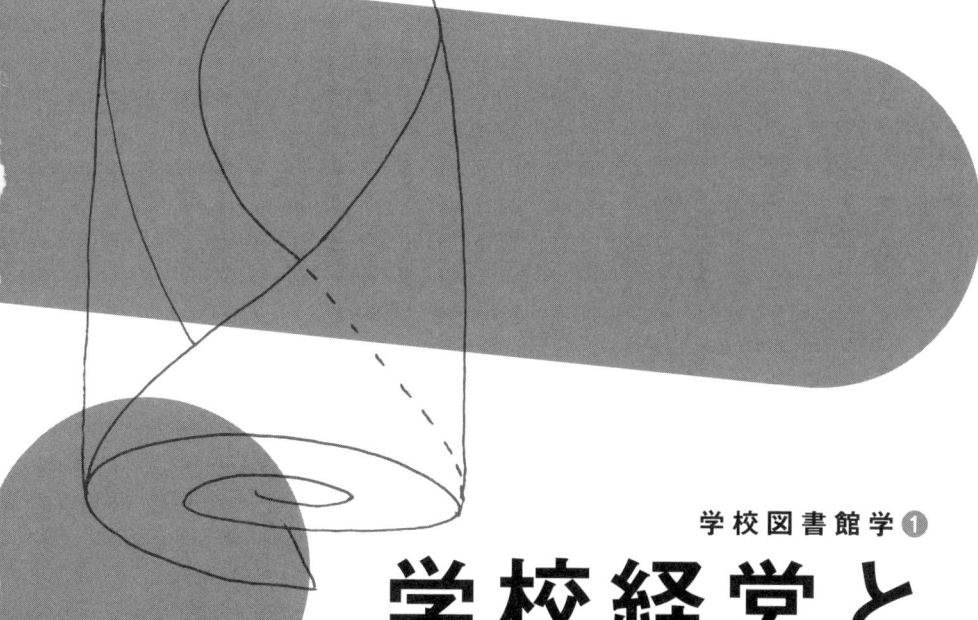

学校図書館学 ❶

学校経営と学校図書館

大串夏身［監修］ 渡邊重夫

青弓社

学校経営と学校図書館　目次

はじめに 11

第1章 「人」の力は、学校図書館の力 ────── 14
── 「学び」を支援し、「育ち」を支える

1 図書館を構成する三要素 14
── 「資料」「施設・設備」「人」

1-1 学校図書館の「印象、利用体験」 14
── 学生の話から
1-2 「資料」「施設・設備」 15
1-3 「供給は需要を創る」──「人」の重要性 16

2 司書教諭の創設とその資格、職務 18

2-1 司書教諭の創設 19
2-2 「配置猶予」規定の撤廃運動 21
2-3 「配置猶予」規定の原則撤廃 22
2-4 司書教諭の資格取得 24
2-5 講習規程(省令) 24

3 司書教諭の職務 28

3-1 司書教諭の職務 28
3-2 学校図書館の「中核的」存在としての司書教諭 30

4 学校司書の法制化、その役割・職務 31

4-1 学校司書の配置 31

4-2　学校司書の法制化　32
　4-3　「協力者会議報告」──学校司書の役割・職務　35
　4-4　学校図書館での「協働関係」　39
　4-5　「協力者会議報告」　42
　　　　──学校司書に求められる資質能力

5　学校図書館にかかわる「人」　47
　5-1　係り教諭　47
　5-2　学校図書館ボランティア　49
　5-3　図書委員会顧問　49
　5-4　学級担任、教科担任　51
　5-5　図書館主任　52
　5-6　学校管理者　53
　5-7　教育委員会　54

第2章　学校図書館法とは ─────── 61
　　　──「単独立法」に込められた意義と内容

1　学校図書館の誕生　61
　1-1　戦前の学校図書館　61
　1-2　学校図書館に関する法規　62
　　　　──学校教育法施行規則
　1-3　『学校図書館の手引』に見る学校図書館観　63
　1-4　「学校図書館基準」と全国SLAの結成　65

2　学校図書館法の内容　69
　2-1　学校図書館法の成立まで　69

2-2　学校図書館法の内容　70
2-3　学校図書館法の意義と課題　72

第3章　学校図書館の役割を考える ―― 76
――学校図書館法の「目的」規定をもとに

1　「教育課程の展開」に寄与する　76

1-1　学校図書館の固有性　76
　　――「教育課程の展開」への寄与
1-2　教育課程の編成　77
1-3　教育課程の「展開に寄与」する　79
1-4　「教材」としての図書館資料　84
1-5　「学習材」としての図書館資料　87

2　「児童生徒の健全な教養を育成する」　89

2-1　「児童生徒の健全な教養を育成する」の意義　89
2-2　読書と教養――「教養」概念を考える　90
2-3　『何をどう読ませるか』　94
2-4　「読書、人類が獲得した文化」　96
　　――「文化審議会答申」
2-5　「言語活動の充実」、さらなる読書領域の拡大　97
2-6　読書環境の整備と学校図書館　98

第4章　豊かな想像力、自己形成、そして楽しみ ― 102
――子どもの読書を支援する学校図書館

1　読書は、子どもを育てる　102

1-1　読書は子どもの「栄養素」　102
　　　1-2　「ブックスタート」　104
　　　1-3　「「読書活動」とその影響に関する調査」；1　106
　　　　　──「子どもの読書活動の実態とその影響・効果に
　　　　　　関する調査研究」
　　　1-4　「「読書活動」とその影響に関する調査」；2　109
　　　　　──「学校読書調査」
　　　1-5　日本の子どもの「自己肯定感」　110
　　　　　──2つの調査結果

　　2　読書の意義　112

　　　2-1　「文字・活字」の重要性、そして読書への期待　112
　　　2-2　読書と言葉の循環関係　114
　　　2-3　読書と想像力　115
　　　2-4　読書と自立性　118
　　　2-5　読書と情報獲得　121
　　　2-6　楽しみとしての読書　123
　　　2-7　民主主義の母体としての読書　125

　　3　読書環境の整備　128

　　　3-1　子どもの読書の変化　128
　　　3-2　選書とかかわって──「良書」「適書」　129
　　　3-3　選書の際の留意点　131

第5章　時代と教育、そして学校図書館 ──── 138
　　　──学校図書館機能の変遷から学校図書館を考える

　　1　「新教育」と学校図書館　138

1-1　学校教育と学校図書館の不可分性　138
　　　1-2　治安立法、国定教科書——国民思想の統制　139
　　　1-3　新教育——「自ら考え自ら判断」　141
　　　1-4　「学校の心臓部」としての学校図書館　145

　2　「経済成長」と学校図書館　148

　　　2-1　経済成長を支える人材育成　148
　　　2-2　「資料センター」「教材センター」論の登場　150
　　　2-3　構想と逆方向を向いていた改訂　157

　3　「生きる力」と学校図書館　158

　　　3-1　成長神話の崩壊　158
　　　3-2　「自ら考える力」「生きる力」　159
　　　3-3　学習センターの登場　161

第6章　「情報」と「学び」を結ぶ　173
　　　——「学習・情報センター」としての学校図書館

　1　学習・情報センター　173

　　　1-1　「学校図書館の充実」に期待（細川首相）　173
　　　1-2　学習・情報センターとしての学校図書館　176

　2　学習・情報センターを支える　183
　　　——「学び方を学ぶ」：「利用指導」概念の変遷

　　　2-1　情報とかかわった利用指導　183
　　　2-2　「学び方を学ぶ」——「学習方法の民主主義」　188
　　　2-3　「学び方を学ぶ」——2つの文献　191

2-4 「学び方を学ぶ」ための体系表　193
2-5 学習・情報センターの可能性　196

装丁──Malpu Design［清水良洋］

はじめに

　2015年、日本は「戦後70年」を迎えました。学校図書館の法的根拠を規定した学校教育法施行規則の制定が1947年、学校図書館の単独立法としての学校図書館法の制定が53年。両法とも60年余り前ですから、日本の学校図書館は、ほぼ「戦後70年」と歩を一にしてきました。

　その間、学校図書館は時代の変化のなかで、ときにはその「出番」を封じられたこともありましたが、社会や教育からのさまざまな期待を背に受け、学校教育を支える不可欠な教育環境として、あるいは教育改革の基軸としての役割を担いながら発展を遂げてきました。

　新しい世紀を迎えて十余年を過ぎた今日、日本も国際社会もさまざまな困難をかかえた時代のなかにあります。しかし教育には、新しい時代を創り出す大きな可能性が内包されています。教育それ自体に、さまざまな困難を克服していく「力」があるのです。子どもが、教育を受けることによって、心豊かで、自立性に富んだ、創造的な知性を有した人間として成長していくことは、どのような国や社会にとっても、「未来」を創り出す重要な要素です。

　特に学校図書館は、その「未来」の創造と深くかかわっています。学校図書館は、人類が生んだ知的財産が凝縮された「知の宝庫（世界）」としての教育環境です。子どもはその「世界」にある「知」（書物など）と出合うことによって、自己自身を見つめ、他者の存在を深く認識し、社会の仕組みや複雑さを知り、自然の豊かさや偉大さを実感し、そして世界に近づくことができるのです。そうした営みは、確実に一人の子どもをさらなる高みに立たせることになるのです。その意味で、学校図書館は、子どもの「未来」の創造を通して、一国の未来をも創っていく可能性をもった教育環境なのです。

　それだけに今日、改めて学校図書館の存在意義を確認し、さらには学校図書館がかかえている今日的課題を考察することは、大きな意義があると思います。

　本書は、こうした問題意識のもとに、今日の学校図書館を概括的に理解しようとして執筆したものです。そのポイントは次の点にあります。

第1は、学校図書館の「人」（職員）の問題です。学校司書が法制化（2014年）されたことを機に、改めて「人」の問題が学校図書館界での大きな関心事になっています。

　学校図書館と「人」の問題は、学校図書館界での長年の懸案事項であり、その解決が待たれた問題でした。司書教諭の原則配置（12学級以上）は1997年の法改正によって実現しましたが、その配置には現在もなお多くの課題が山積しています。また学校司書の法制化によって、学校図書館は新たな歩みを始めましたが、さまざまな課題が未解決、先送りのままです。そこで今回の法改正を機に、改めて学校図書館にかかわるさまざまな「人」の問題を取り上げ、今後の方向性を考えてみました（第1章）。

　第2は、学校図書館法についてです。学校図書館は戦後教育の所産ですが、「学校図書館を創ろう」、そして「法的根拠をもってその存在性を確立しよう」という思いのなかで、学校図書館法は成立しました。ですから、学校図書館法を理解するには、この学校図書館法の成立にかけた先人の思いや心意気に触れることが大切だと思います。学校図書館法成立までの経過を素描しながら、学校図書館法には何が規定されているのかを解説しました（第1章、第2章）。

　第3は、学校図書館の存在意義です。学校図書館はなぜ、学校教育に「欠くことのできない基礎的な設備」（学校図書館法第1条）として位置づけられているのか、そのことを改めて確認することが重要だと思います。その存在意義は、多様な視点から論じることができますが、本書ではその根拠を学校図書館法の目的規定をもとに検討してみました。「教育課程の展開に寄与する」「児童生徒の健全な教養を育成する」という2つの規定です。この規定には、学校図書館に課せられた2つの課題、すなわち「学習」と「読書」への向き合い方が明確に位置づけられています。そのため、この目的規定を理解することが、学校図書館を理解するうえで重要なことだと思います（第3章）。

　第4は、上にあげた2つの課題のうちの1つでもある「読書」の問題です。読書の問題は、この10年余り国民的課題にもなっています。「子ども読書年決議」（1999年）、「国民読書年決議」（2009年）が衆・参両院の全会一致で可決されました。さらには「子どもの読書活動の推進に関する法律」（2001年）も制定されました。こうした立法府の対応は、読書が子どもだけでなく、

大人にとっても大切なことであるという認識に立っています。特に、子どもにとっての読書は、自立的・創造的（想像的）人間を形成するための重要な営みです。それだけに、「読書」の問題を改めて、学校図書館と結び付けて論じました（第4章）。

　第5は、学校図書館の機能の変遷を通じて、戦後の学校図書館の姿を浮き彫りにすることです。学校図書館は、学校教育の一部ですから、その姿は、学校教育の変遷と深くかかわっています。また学校教育は、その時代の動きと密接不可分の関係にありますから、学校図書館の姿を見ることは、その時代を見つめ直すことでもあります。そうした考察を通じて、学校図書館がどのような課題と向き合いながら歩んできたのかを略述しました（第5章、第6章）。

　本書は、筆者にとっては10冊目の単著です。最初の出版は、四半世紀前の『図書館の自由と知る権利』（青弓社、1989年）ですが、その出版のときから大串夏身先生（昭和女子大学特任教授）にはお世話になりました。特に今回は、本シリーズの監修者として特段のご指導をいただきました。深く感謝申し上げます。

　また大学卒業後、筆者のつたない学びを支えてくださったのは鍋岡茂雄氏です。鍋岡氏には、実証的な法解釈を数多く教えられ、それは図書館にかかわる法制度を理解する際の基礎となりました。半世紀にも及ぶ長い友情に感謝申し上げます。

　そして、筆者の研究・執筆をいつも励ましてくださった山崎響氏。山崎氏の励ましがなければ本書も含めて、これまでの出版はかないませんでした。非力な筆者に「書く気力」を与えてくださったことに感謝申し上げます。

　今回の書も、青弓社から出版することになりました。同社の矢野恵二氏には、1冊目の刊行以来、長年にわたってお世話になりました。改めてお礼を申し上げます。

2015年4月24日
　　亡き母に「ありがとう」

渡邊重夫

第1章　「人」の力は、学校図書館の力
―― 「学び」を支援し、「育ち」を支える

1　図書館を構成する三要素 ――「資料」「施設・設備」「人」

1-1　学校図書館の「印象、利用体験」――学生の話から

　学生は「学校図書館」に、どんな印象を抱いているのだろうか。大学で司書教諭資格の取得を目指している学生に、学校図書館の印象や利用体験を尋ねることがあります。「ほとんど利用したことがない」「学校図書館？　どこにあったかな」と、首をかしげながら答える学生もいれば、「受験勉強をするのに放課後よく通っていた」と答える学生もいます。また、「小学校の頃はよく通った」「調べ物の課題が出たので、図書館で調べた」「物語や小説をよく借りていた」という経験を語る学生もいます。なかには、図書委員を経験した学生もいて、図書館報（「図書館だより」）の発行や貸出・返却などのカウンター業務を通して、図書館にとても親近感をもつ学生もいます。
　利用の様子を聞いてみると、総じて「読む」ために利用した記憶が強いように思います。絵本も物語も小説も、学校図書館とともに思い出す学生は多くいます。しかし、「調べる」ために図書館を利用した経験はそれほど多くはないようです。「図書館ではいろいろなことを調べられる」という認識はあるが、実際の経験は乏しいという学生もいます。
　こうした印象の違いは、彼らが通った学校で図書館がどのような位置にあったかによって生じるように思います。学校図書館のあり方は、その学校がどのような教育をしているのか、どのような子ども像をイメージしているのかということと深くかかわっています。一斉画一型の知識注入に傾斜した教育（授業）が主流になれば、「図書館で調べる」という学習は希薄になり、図書館利用の体験は少なくなりがちです。「図書館で調べたことがない」と

語る学生は、学習と図書館（資料）とが連動していないことが多いのです。

　また、授業のなかで「調べること」はあったが、担当の先生（学級担任、教科担任）が「パソコンで調べなさい」と指示をするケースも多いようです。その指示の理由は複合的です。担当の先生が、学校図書館に関する理解が少ない（自身の利用体験も少ない）ために、そうした指示になることもあります。しかし、そうとは言い切れません。その学校図書館に適切な資料がそろっていない、「人」のサービスを受けられない、あるいは図書館が狭くて一斉に子どもが利用できない、などの理由が重なって図書館を利用しがたい場合もあります。図書館（資料）を利用させたいけれど、それが難しいこともあるのです。

1-2　「資料」「施設・設備」

　しかし、図書館利用とかかわって常に重要なことは、（学校）図書館の構成要素である「資料」「施設・設備」「人」の3つの条件がどのようになっているかです。これらの要素と学校図書館利用との間には、深い関連があります。

　「資料」が不備であれば、図書館はその魅力を失います。私は、小・中学校の学校図書館を訪問し、学校図書館運営についてアドバイスをすることがあります。蔵書冊数は文部科学省の「図書標準」を満たしていますが、なかには「古色蒼然」とした本が所蔵・管理されている学校もあります。担当の司書教諭に、「これらの本は利用されていますか？」と尋ねると、「利用は少ないですね」という声が戻ってきます。また「先生は、これらの本を授業で活用しますか？」「生徒に学習用に勧めていますか？」と尋ねると、少々躊躇しながら「あまりないですね」という返事がくることもあります。子どもも、そうした書架には近づきがたいのです。

　しかし古い資料も、もちろん以前のことを調べるのに不可欠なことは多々あります。たとえば、この十数年、日本の市町村合併は急速に進みました。総務省の統計によると、1999年から2006年の7年間で市町村数は、3,232から1,821へと1,411減少しています[(1)]。それだけに、10年前の日本の市町村を調べるには、そのときの地図帳が必要になります。古い資料も大切な資料なのです。

　「調査・研究」には、「古い本」が重要な資料になることが多々あります。

しかし、そうした理由とは別に、古い本が並んでいます。学校図書館担当者の多くは、そうした資料の問題性を認識しています。しかし、それらの資料を除籍するとその学校の蔵書冊数が減少するため、なかなか除籍に踏み切れないこともあるのです。また資料それ自体の点数が少ないため、読みたい本、調べたい本が少ない場合もあります。「資料」の問題は、学校図書館の悩みの種でもあります。

「施設・設備」の状況も、子どもの図書館利用に大きくかかわっています。「校舎の最上階のいちばん奥に学校図書館があった」と話す学生は、その図書館を利用した経験が乏しいのです。登校したら、いつも通る場所に位置している学校図書館は、それだけで利用しようかと思わせます。しかし位置は容易に変更できないとしても、図書館に入ったら「とてもきれいに装飾がされていた」「絨毯が敷いてあった」「季節の花が飾られていた」「机や椅子が心地よかった」「古いテーブルにきれいな布が掛かっていた」「テーマに関する本が展示されていた」などの工夫で、図書館の印象は大きく変わります。「図書館に行きたくなる」と思うような雰囲気（様子）の図書館を創ることはできるのです。

1-3 「供給は需要を創る」──「人」の重要性

そして、「人」（学校図書館担当者）の問題は、図書館を活性化し、利用者の満足度を高める大きな要因です。

学校図書館に常時「人」がいることによって、さまざまなことに目が届きます。まずは、掃除、書架整理、館内整備、ディスプレイ、サインなどへの配慮が可能になります。学校図書館に入って、館内が整備されているか、「サイン」（視覚的な図書館ガイド、日本十進分類法〔Nippon Decimal Classification、NDC〕の表示など）が適切に表示されているかは、「図書館へ行こう」「図書館で本を探しやすい」と思わせる大切な要素です。そのためには、「人」がいなければなりません。

そして、「人」がいることによって、何よりも利用者の資料要求に対する日常的なサービスが可能になります。読書相談、利用相談、レファレンスサービスなどが可能になります。利用者は、求める資料が図書館のどの書架に配架されているか、あるいは求める情報がどの資料（本）に載っているかを必ずしも知っているわけではありません。また、「何を読もうかな？」と特

定の図書を決めないで来館する子どもも多くいます。そうしたとき、これらの利用者に、ふさわしい資料を提供する「人」のサービスがあれば、図書館に対する信頼感と親近感は格段に高まります。「図書館っていいな！」という思いが高まるのです。「人」の力です。
　特にレファレンスサービスをおこなう図書館には、学生も強い印象と信頼感をもっています。高校時代に、「『源氏物語』に鈍色という色が出てくるが、どんな色か色見本を見たい」と思って図書館で調べた学生がいます。しかし学生は、自分ではその課題に関する資料を見つけることができませんでした。それで、カウンターで担当者に、「色見本の本はありますか？」と質問しました。すると、担当者は「色見本が載っている本（事典など）はないけれど……」と言いながら、『日本語大辞典』（講談社）を持ってきました。学生は、「えっ、国語辞典？」とびっくりしました。しかし担当者は、その辞典の巻末に載っている350色の色見本を開き、「ここに「鈍色」が載っています」と、そのページを示してくれました。「色名」とともにその解説も載っていたのです。学生は、「あっ、載っている、国語辞典に。びっくり！　ありがとうございます」と答えたそうです。
　図書館担当者が、この辞典（国語辞典）に「色見本」が載っていることを知っていたからできたサービスです。求める資料を自分で探すことができないとき、図書館担当者への質問を通して、「回答」を得られた経験は、図書館に対する強い信頼感へと変化します。そして、「また図書館を利用しよう！」という気持ちを起こさせます。「人」が、学校図書館を信頼の「館」へと変えていくのです。
　学生が語る学校図書館の「印象、利用体験」を聞いてみると、今日の学校図書館の「縮図」が見えるようです。今日の学校図書館は、「さまざまな条件下で運営され、子どもの利用に供されているのだな」という思いを深くします。
　しかし、学校図書館だけでなく、さまざまな組織・機関にとって「人」の問題は、最重要課題です。「学校経営」という言葉は、学校では日常的に使用される言葉ですが、その中心概念である「経営」とは、「方針を定め、組織を整えて、目的を達成するよう持続的に事を行うこと」(2)です。言うまでもなく、その「持続的に事を行う」のは、何よりも「人」です。そのため、学校経営でも「教育事業を継続的に実行する」ためには、「人」という資源が

不可欠です。「教育は人なり」という格言を持ち出すまでもなく、教育事業の遂行にとって「人」の存在とその資質の高さは、最大の重要事です。学校図書館もそれは同様で、学校図書館経営もまた「学校図書館事業を継続的に実行する」ために「人」が必要なのです。

「人」によるサービス、利用者と資料を結ぶ接点にある「人」のサービス。そのサービスのありようが、学校図書館を活性化する「カギ」でもあると思います。適切なサービスがおこなわれ、そのサービスの量が増え、その質が高まることによって、図書館は本来の意義を高めることができるのです。

イギリスの図書館学者ドナルド・アーカートは、「図書館業務の基本原則」として18の原則をあげています。どの原則も、とても「なるほど！」と思う原則ですが、その3番目に「供給は需要を創る」(3)をあげています。「供給が需要を創る」のです。この原則は、直接「人」のことをいっているわけではありませんが、「人」によるサービス（供給）にも当てはまると思います。「人」による図書館サービスが、学校図書館に対する子どもや教師の信頼を得て、「図書館に行ってみよう」という気持ちを起こさせるのです。そのことによって、学校図書館は、子どもにとっての「学びの館」「育ちの館」、教師にとっては「研究の館」となるのです。

「資料」も「施設・設備」も、その所与の条件を最大限に生かして、大きな需要を創り出すのは、「人」の力です。「人」による供給が需要を喚起するのです。

そこで、本章では、学校図書館を担当する「人」の問題に焦点を当て、学校図書館を論じたいと思います。その「人」も、実に多様です。司書教諭、学校司書はその代表ですが、その他にも、学校図書館の係り教諭、図書委員会を指導する教諭（顧問教諭）、学校図書館ボランティア、そして、担任教師や教科担任も「人」を構成する要素です。そして、もちろん、学校管理者である校長や教頭も「人」の重要な一員です。さらには、当該自治体の教育委員会の学校図書館担当者も、学校図書館のありように大きな影響を与える「人」です。以下、そうした「人」たちについて論じたいと思います。

2　司書教諭の創設とその資格、職務

2-1　司書教諭の創設

①「学校図書館基準」での「人」の位置づけ

　まずは、司書教諭についてです。学校図書館の専門家としての司書教諭は、学校図書館法によって規定された職種の一つです。同法第5条の「学校には、学校図書館の専門的職務を掌らせるため、司書教諭を置かなければならない」という規定がそれです。その意味で、学校図書館法は司書教諭創設の根拠法です。

　しかし、学校図書館に「人」を置かなければならないという考えは、法制定以前にも見ることができます。たとえば、戦後初の学校図書館の手引書である『学校図書館の手引』には、(司書教諭という名称はありませんが) 学校図書館を担当する「人」について「司書・事務員の2つの職制」を明示し、次のように述べています。

> 学校図書館はいかに小さい規模のものであっても、形の上からは司書・事務員の2つの職制が必要である。司書は教師の中から選ばれ、学校図書館の経営に全責任をになう。本格的に図書館経営をすることになると、相当の専門的知識を必要とするが、現状では、図書館教育を受けた教師もいないことであるから、選ばれた人は、今後、専門的な技術を習得するように進んで行く必要がある。[4]

　ここには、学校図書館を設置する以上、それを担当する専門的知識をもった「人」の存在が重要だという認識が述べられています。

　その後、学校図書館担当者としての「司書教諭」という名称は、文部大臣の諮問機関として設置された学校図書館協議会の答申「学校図書館基準」(1949年) のなかに見ることができます。そこには、「人の構成」という節で、次のように記述されています。[5]

　　(1) 専任の司書教諭をおく。
　　(2) 司書教諭は児童生徒1000人につき1人、または蔵書1万冊につき1人の割でおく。ただし500人以下の学校ではパートタイムの司書をもって代えることができる。

(3) 司書教諭のほかに事務助手をおく。
　(4) 教員が学校図書館の運営に当る場合は図書館経営についての知識技能を修得する必要がある。
　(5) 司書教諭は図書および図書館利用に関する指導をも行う。

　学校図書館が注目を浴び始めた戦後間もなく、学校図書館に関する手引書や答申のなかで、学校図書館を担当する「人」が論じられ、その役割が期待されていたことは注目すべきことです。しかもその「人」には、「専門的な技術の習得」「図書館経営についての知識技能の修得」が求められていたのです。

②「司書教諭を置かなければならない」──学校図書館法の成立

　その司書教諭の配置を含む学校図書館法制定に向けた運動が、全国学校図書館協議会を中心に1952年から始まりました。第2章で詳述するように、法制定に向けて全国から集まった92万5,000余りの署名を添えた「請願書」が、全国学校図書館協議会長（阪本一郎）の名で、衆・参両院議長、文部・大蔵両大臣宛てに提出されました（1953年1月）。「請願書」は5項目から成っていて、その第1は学校図書館費用の公費負担を求めたものですが、他の3項目は主として司書教諭に関するものです。専任の司書教諭と専任の事務職員の配置、司書教諭制度の法制化、司書教諭養成の方途の確立などがそれです。

　その司書教諭の法制化は紆余曲折を経ました。学校図書館法の当初案（「3月法案」(6)、1953年）では、ⓐ学校教育法を改正して司書教諭の名称を規定すること、ⓑその資格は教育職員免許法を改正し、司書教諭免許状を新設すること、その際、1級普通免許状を取得するには小・中・高等学校教諭の免許状にプラスして学校図書館に関する専門科目を最低18単位修得すること、ⓒ配置を5年間猶予すること、とされていました。しかし1953年3月、衆議院の解散（いわゆる「バカヤロー解散」）のため、法制定運動はいったん中断することになりました。

　解散後、協議会も体制を立て直して新たな法案を作成することになりましたが、主管の文部省（初等中等教育局）のなかにも、ⓐ学校図書館単独法では学校教育法の体系を壊すおそれがある、ⓑ司書教諭の名称をやめて（定時制高校主事のような）図書館主事でいきたい、ⓒ「司書教諭をおかねばなら

ぬ」は強すぎるので、「置くことができる」くらいに緩和してほしい、ⓓ猶予期間を「5年間」ではなく「当分の間」と緩めてほしい、などの意見がありました。
(7)

　新たな法案作成に立ちはだかるこれらの「壁」を打開するために、困難な交渉が続けられ、一致点を求める作業が進められました。その結果として法案は、超党派の共同提案として国会に上程され、1953年7月に衆・参両院で可決・成立しました。これが現在の学校図書館法です。「3月法案」と比較すると、ⓐ司書教諭は「教諭をもって充てる」こと、ⓑ資格は講習によって取得すること（任用資格）、ⓒ配置猶予期間を「当分の間」とすること、など残念な譲歩を強いられました。

　しかし、全国学校図書館協議会をはじめ、多くの衆・参両議院議員、全国の学校図書館に期待を寄せる世論、などの力の結集のなか、「学校には、学校図書館の専門的職務を掌らせるため、司書教諭を置かなければならない」という規定（第5条）が明記された法律が成立しました。学校に「学校図書館の専門的職務を掌」る司書教諭が、法的根拠をもって置かれることになったのです。

2-2　「配置猶予」規定の撤廃運動

　しかし、画期的な学校図書館法の制定にもかかわらず、司書教諭の配置には成立直後から「当分の間」規定と関連して大きな課題がありました。

　同法附則第2項では、「当分の間、司書教諭を置かないことができる」と規定していました。いわゆる司書教諭の「配置猶予」規定です。この規定が設けられた理由は、同法制定時にはまだ司書教諭は存在せず、短期間に全校配置するだけの司書教諭の養成が困難だったからです。できるだけ早い時期にその猶予は解除されることが予定されていました。その点について、「「学校図書館法」遂に成る！」を報じた「学校図書館」誌は、次のように巻頭言で記しています。

　　この「当分の間」をどの位の期間におさえるか――これは文部省の考え如何にかかっているが――ここにこの法に対する文部省の誠意如何を測るバロメーターがあると思うのである。
(8)

しかし、法成立後に明らかになった文部省の考えは、猶予について「ほぼ10年」という長い期間を見込んだものでした。学校図書館法の成立を報じた「文部広報」では、次のように解説しています。

　　付則第2項で「当分の間置かないことができる」と規定された。そこで事務的には、ほぼ10年間で将来の学校増加を見こんでこの講習を進める計画を研究中である。(9)

　「当分の間」が「10年」にまで延長されるというのは、あまりにも長い「猶予期間」です。学校教育に「欠くことのできない」学校図書館は、司書教諭を「欠いた」まま長期にわたって運営されることが予想されるのです。それでは、学校図書館の目的も機能も十分に発揮されようがありません。
　法制定当時、「この規定〔附則第2項：引用者注〕をたてに、予算がないことを理由に、いつまでたっても置かないこともできるわけである。下手をすれば、「当分の間」は「永久に」とも読みかえることができるわけである」(10)という懸念が指摘されていましたが、この指摘が現実化しかねない状況が生まれてきたのです。そのため、法成立の2年後（1955年）に開催された第6回全国学校図書館研究大会（徳島）では、早くも、「学校図書館法附則第2項の即時撤廃」が決議されました。
　しかし猶予期間は、文部省がいう10年を過ぎても20年を過ぎても続きました。まさに「「当分の間」は「永久に」とも読みかえることができる」という状況です。「配置猶予」規定は学校図書館発展の大きな隘路であり、その改正は学校図書館運動の大きな課題として、その後長年にわたって多数の関係者によって取り組まれてきました。

2-3　「配置猶予」規定の原則撤廃

　規定改正への機運が大きく盛り上がってきたのは、学校図書館への期待が高まり始めた1990年代に入ってからです。97年6月3日、学校図書館法の一部を改正する法律が可決・成立し、関係政省令とともに、6月11日に公布・施行されました。そのとき、附則第2項は、次のように改正されました。

　　学校には、平成15年3月31日までの間（政令で定める規模以下の学校にあ

っては、当分の間)、第5条第1項の規定にかかわらず、司書教諭を置かないことができる。

「政令で定める規模以下の学校」とは、「学校図書館法附則第2項の学校の規模を定める政令」(1997年)に基づき、「11以下の学校とする」と規定されました。
　この改正によって、司書教諭の配置猶予は、政令で定める11学級以下の学校を除いて「平成15年3月31日まで」となりました。すなわち2003年(平成15年)年4月1日からは、12学級以上の学校には司書教諭の配置が義務づけられたのです。
　長い年月を経ての改正でした。そのとき全国学校図書館協議会事務局長の任にあった笠原良郎は、「思えば長い道程であった。「当分の間、司書教諭を置かないことができる」というたった1項の附則を削除するために、なんと長い時間とたくさんのエネルギーが費やされたことか」[11]という感慨をつづっています。法制定が1953年、改正が97年ですから44年間の年月を費やしたことになります。「学校教育に不可欠な学校図書館」に「人」の配置を義務づけるには、あまりにも長い年月でした。
　しかし、この改正によって司書教諭の配置は急速に進みました。最近(2014年5月現在)の文科省の調査[12]によると、国公私立を含めて12学級以上の学校での司書教諭の発令割合は、小学校98.8%、中学校96.7%、高校93.1%でほぼ100%に達しています。発令数は、12学級以上の学校では、小学校1万1,054校、中学校4,880校、高校3,769校です。それに11学級以下の学校の発令数を加えると、小学校1万3,564校、中学校6,468校、高校4,046校です。法改正の前年(1996年)の司書教諭の発令者数は、『学校基本調査報告書』によると、小学校72人、中学校111人、高校336人[13]にすぎませんでした。それと比すると飛躍的な増加です。法改正の大きな成果だと思います。
　しかし11学級以下への配置は任意であるため、その発令は(2014年5月現在)、小学校27.2%、中学校29.8%、高校30.2%と低い割合にとどまっています。発令がない学校では、専門的知識をもった司書教諭による学校図書館サービスを受けられない事態が、さらに続いています。
　こうした地域では、公立図書館の設置率も低い傾向にあります。全国の公立図書館の設置率は、市(区)ではほぼ100%(98.8%)ですが、町村では

54.2％にすぎません(14)。子どもが、近くの公共図書館を利用したくてもその図書館がないのです。

　さらに、こうした地域では書店も少ないのです。「毎日新聞」2015年1月6日付は、「書店空白332市町村」という記事を掲載しました。それによると、新刊本を扱う書店が地元にない自治体数が全国で4市を含む332市町村にのぼり、全体の5分の1になることがわかったといいます。「消滅可能性都市(15)」と重なる自治体が多いのだそうです。同紙には、作家で、文字・活字文化推進機構副会長の阿刀田高さんの「町の本屋が減れば子どもたちが紙の書物に触れる機会が減り、今後さらに活字離れに拍車がかかるだろう。本屋は地元の活字文化を支える存在であり、消滅は地方文化の衰退につながる」という指摘が載っています。

　それだけに、地域の文化拠点としても学校図書館は大切なのです。そして、そこには「学校図書館の専門的職務を掌」る司書教諭が必要です。少ない蔵書を有効に活用する（所蔵資料を熟知した「人」としての）司書教諭が必要なのです。それは憲法第26条の「教育の機会均等の原則」からも求められることです。

2-4　司書教諭の資格取得

　司書教諭資格の取得要件については、学校図書館法第5条に2つの明示規定があります。

　　（1）司書教諭には教諭（など）を充てる。
　　（2）司書教諭の資格を取得するには、文部科学大臣の委嘱を受けて大学（その他の教育機関）が行う講習を修了すること。

　以上の規定によって、ⓐ司書教諭になる者は、教育職員免許状を有する者に限定される、ⓑ資格の付与は教育職員免許法に基づくのではなく、文部科学大臣が委嘱する大学などでの司書教諭講習の修了者になされる、ということになります。

2-5　講習規程（省令）

①「7科目8単位」

この司書教諭講習を実施するための規程が「学校図書館司書教諭講習規程」（以下、「講習規程」と略記）であり、学校図書館法成立の翌年（1954年）に告示されました。

　この講習規程に基づく1回目の講習が、同1954年、全国を二分し、東日本は東京学芸大学、西日本は大阪学芸大学で開催され、全国で894人の受講者に修了証書が交付されました。翌55年からは講習大学を拡大し、毎年ブロックごとに委嘱された国立大学で、主として夏季休業時を利用し開催されました。講習は長い間、全国7ブロックで7大学が担当してきましたが、90年代に入るとその数は増加し、学校図書館法が改正された97年には51会場（大学）にまで増加しました。

　この講習規程は、資格取得にかかわる科目・単位についても定めています。その科目・単位は、講習開始（1954年度）以来長い間「7科目8単位」でした。「学校図書館通論」「学校図書館の管理と運用」「学校図書館の利用指導」「図書の整理」「図書以外の資料の利用」「図書の選択」「児童生徒の読書活動」がそれです。

　しかし、学校図書館で司書教諭に相当する職務に2年以上従事した者は3科目4単位、4年以上従事した者は1科目2単位を履修するだけで、講習を修了できることにしました。いわゆる経験者に対する「軽減措置」の適用です。そのため、教育と学校図書館との関連や学校図書館の理念（「学校図書館通論」）、学校図書館の経営（「学校図書館の管理と運用」）、読書指導（「児童生徒の読書活動」）などの主要科目を欠いても、司書教諭資格を取得することができました。特に4年以上の経験者に課される科目は「図書の整理」（2単位）だけです。この科目は、図書館固有の技術としての図書の分類法と目録法が中心の科目で、学校図書館固有の科目の履修は求められませんでした。

　そのため、この講習規程は、告示とともに「現場教師の研究意欲を削ぐ悪令として早くも改正希望の声が現場から盛り上」(16)がる状態でした。また、第1回講習直後に刊行された「学校図書館」（1954年）は、「司書教諭講習規定(ママ)を批判する」(17)という特集を組み、多くの論考を掲載しました。「司書教諭は重んぜられなければならない」「学校図書館の危機到来」「甘すぎる単位認定──専門的職務が泣く」「司書教諭とはこんなあまいものか」「文部省は「良好な成績」の判定基準を作成せよ」などのタイトルの論考が掲載されました。最後の論考の「良好な成績」というのは、講習規程附則に、経験者に

「軽減措置」を適用する際の条件が、「良好な成績で司書教諭に相当する職務に従事した」と記されていたことを指しています。

同時にこの「軽減措置」は、司書講習修了者にも適用され、修了者は5科目6単位を取得したものとみなされ、2科目2単位（「学校図書館通論」「学校図書館の利用指導」各1単位）追加だけの履修で司書教諭資格を取得できました。そのため、「学校図書館を公共図書館の小型化とみるような措置」とか、「司書教諭粗製乱造講習」(18)という批判が起きました。

事実、多くの修了者はこの「軽減措置」の適用を受けて資格を取得しました。たとえば、学校図書館法改正前年（1996年）に司書教諭講習を修了した現職教諭2,486人のうち、この軽減措置を受けた者は2,104人で、軽減措置を受けずに7科目8単位を修得した者は382人です。実に約85％の者が軽減措置の適用を受けていました(19)。そのため、多くの講習大学では、7科目8単位を開講せず、3科目4単位だけの開講が多かったのです。学校図書館のことをきちんと「基礎から学びたい」と思っても、学ぶ機関が限定されていたのです。この講習規程が改定されるのは、学校図書館法が改正されたあとのことです。

②「5科目10単位」

1997年に学校図書館法が改正されると直ちに、司書教諭講習のあり方を検討するために「学校図書館の充実等に関する調査研究協力者会議」（以下、協力者会議と略記）が発足しました（1997年6月）。その協力者会議は、翌98年2月に「司書教諭講習等の改善方策について」と題する最終的な取りまとめ（報告）をおこなっています。

改善すべきとして指摘された主な点は、次のとおりです。

(1) 次の点を重視して、講習科目の内容を見直す。
 (a) 教育課程の展開と資料活用との関連についての深い見識
 (b) 児童生徒の読書活動を一層充実させる力量
 (c) 児童生徒の情報活用能力を育成する力量
(2) 講習修了者の水準確保のために、実務経験による単位軽減措置を廃止する。
(3) 大学在学中の学生への配慮として、大学に2年間在学し62単位以

上を修得した学生に講習の受講を認めること。[20]

　実務経験による「軽減措置」は廃止され、教育課程の展開への寄与、読書活動や情報活用能力などの力量が重視されることになりました。また大学在学中の学生へも門戸を開放しました。
　そして、こうした報告を踏まえ、同1998年に講習規程の一部が改正され、講習科目が刷新されました。新しい講習科目（単位）として「5科目10単位」が設けられました。その科目とねらいは、次のとおりです。

　　(1)「学校経営と学校図書館」
　　　学校図書館の教育的意義や経営など全般的事項についての理解を図る
　　(2)「学校図書館メディアの構成」
　　　学校図書館メディアの構成に関する理解及び実務能力の育成を図る
　　(3)「学習指導と学校図書館」
　　　学習指導における学校図書館メディア活用についての理解を図る
　　(4)「読書と豊かな人間性」
　　　児童生徒の発達段階に応じた読書教育の理念と方法の理解を図る
　　(5)「情報メディアの活用」
　　　学校図書館における多様な情報メディアの特性と活用方法の理解を図る

　新たな科目は総じて、情報化社会の進展を背景に、教育課程の展開への寄与やメディア活用能力の育成、子どもの読書に果たすべき学校図書館の役割に焦点を当てたものになっています。
　それでもなお、この科目（単位）で学校図書館の専門家として必要な知識や技能を修得できるかには大きな課題が残されています。

3 司書教諭の職務

3-1 司書教諭の職務

　学校図書館法は、司書教諭は「学校図書館の専門的職務を掌る」(第5条)と規定していますが、その職務についての具体的な規定はありません。しかし同法は、「学校図書館の運営」として、次の事項を列挙しています(第4条)。

　　(1) 図書館資料を収集し、児童又は生徒及び教員の利用に供すること。
　　(2) 図書館資料の分類排列を適切にし、及びその目録を整備すること。
　　(3) 読書会、研究会、鑑賞会、映写会、資料展示会等を行うこと。
　　(4) 図書館資料の利用その他学校図書館の利用に関し、児童又は生徒に対し指導を行うこと。
　　(5) 他の学校の学校図書館、図書館、博物館、公民館等と緊密に連絡し、及び協力すること。

　しかし、こうした事項の列挙だけでは、学校図書館の具体的活動は明確でなく、同時に、司書教諭の職務内容も明らかではありません。そこで、「学校図書館の運営」をもとに、学校図書館の業務を次の4つに類型化してみました。
①「管理・経営的事項」
　図書館経営方針の立案、各種基準(選定、廃棄など)の作成、校内各部門との調整、予算案の作成と執行、調査統計の実施など。
②「技術的事項」
　学校図書館資料の選定・購入、分類・目録を軸とした資料の組織化、資料の配架、資料の点検・除籍など。
③「奉仕的事項」
　閲覧・貸出、レファレンスサービス、読書相談など。
④「教育・指導的事項」
　教育課程の編成・展開への協力、利用指導、図書委員会指導など。

学校図書館の具体的業務をこのように類型化すると、司書教諭の職務は基本的には、これらの業務と重なり合うことになります。
　しかし、個々の司書教諭が、これらの業務をどの程度担うかは、後述するように、学校図書館にかかわる「人」の配置状況と大きく関連しています。当該司書教諭だけが学校図書館を担当する場合には、基本的にはこれらの職務のすべてを担うことになりますが（実際には困難だと思います）、司書教諭以外に「人」（特に学校司書）が配置されている場合には、その「協働関係」のなかでこれらの業務を担うことになります。大事なことは、たとえ、司書教諭1人の配置でも、校長をはじめとした管理職、学級担任（教科担任）、あるいはボランティアなど学校図書館にかかわる人たちの協力・連携をどのように図っていくかです。
　そのためには、司書教諭には何よりも学校図書館の「中核的存在」として、学校図書館の意義と目的を全校的に明らかにし、多くの人の協力を求めながら、学校図書館の機能を十分に発揮できるような「力」が求められます。学校図書館にかかわる「人」を「束ねる」「引き付ける」力（経営能力、コミュニケーション能力）が、司書教諭には求められるのです。
　また、「生きる力」や「自ら学ぶ力」の育成が求められている今日の教育では、子どもの読書と向き合うこと、子どもの情報活用能力を育てることは、そうした子どもの育成と深くかかわっています。その意味で、司書教諭は「教育改革の一環を担う」という重要な役割をも担っているのです。
　また司書教諭には、「情報やメディアの専門家」としての知識が求められる職務も多くあります。中央教育審議会答申（1996年）では、高度情報通信社会のなかで、学校図書館の学習情報センター機能の充実の必要性を指摘したあと、「学校図書館の運営の中心となることが期待される司書教諭の役割はますます重要になると考えられ、その養成について、情報化等の社会の変化に対応した改善・充実を図るとともに、司書教諭の設置を進めていくことが望まれる」と指摘しています。
　特に、今日の社会は「知識基盤社会」といわれています。この社会像は、2005年の中央教育審議会答申（「我が国の高等教育の将来像」）で指摘された社会像です。それによると、21世紀は「新しい知識・情報・技術が政治・経済・文化をはじめ社会のあらゆる領域での活動の基盤として飛躍的に重要性を増す」社会と解説されています。情報や知識が「飛躍的に重要性を増す」

社会なのです。それだけに、情報を扱う学校図書館にあって、「情報やメディアの専門家」としての司書教諭の役割は、旧来よりも格段にその重要性を増していると思います。そのためにも、司書教諭には、時代の変化に迅速に対応しうる力量や柔軟性、知的探求心が求められているのです。

3-2　学校図書館の「中核的」存在としての司書教諭

しかし司書教諭の職務は複雑・膨大であるため、これらの職務を遂行するには、担当司書教諭が日常の教科指導や学級指導の合間をぬってあたるだけでは不可能なことも明白です。学校図書館の中核的役割を担う、「束ねる」ためにも、条件整備が必要なのです。

そのため、学校図書館法改正の際の国会の附帯決議（1997年）には、「政府は、学校教育における学校図書館の意義・機能、司書教諭の果たす役割等を勘案し、司書教諭の教諭としての職務の在り方に関し、担当授業時間数の軽減や司書教諭の専任化を含め、検討を行い、その結果に基づいて所要の措置を講ずること」（衆議院、参議院も同趣旨）という一文が盛り込まれました。また、改正後に出された文部省の通知（「学校図書館法の一部を改正する法律等の施行について」、1997年）にも「司書教諭がその職責を十分に果たせるよう、校内における教職員の協力体制の確立に努めること。その際、各学校の実情に応じ、校務分掌上の工夫を行い、司書教諭の担当授業時間数の減免を行うことは、従来と同様、可能であること」と記されています。

まずは、司書教諭の「担当授業時間数の軽減」が必要なのです。特に小学校の場合、学級担任として、そのほとんどの時間が授業などにあてられるなか、学校図書館の「中核」を担うだけの時間を生み出しにくい状況です。しかも、この「軽減」措置は、各自治体の取り組みに委ねられています。前述の文科省の調査[22]によると、軽減措置を実施している学校は、全国的には12学級以上の学校（11学級以下の学校）で小学校7.3％（10.3％）、中学校10.2％（11.0％）、高校12.9％（11.2％）です。またその司書教諭が学校図書館を担当している時間数の全国平均は、12学級以上の学校（11学級以下の学校）で、小学校0.9時間（0.9時間）、中学校1.5時間（2.2時間）、高校3.0時間（3.2時間）です。この数字が示すとおり、その実施は部分的・限定的です。特に小学校は1時間にさえ達していません。

そのため、学校図書館機能が十分に発揮されるには、司書教諭と一緒に学

校図書館を担当する学校司書や係り教諭が必要です。1人の司書教諭が配置されて終わりとする学校図書館では、学校図書館機能は十分に発揮できないのです。すなわち学校図書館には、その仕事の多様性のために、チームとしての「人」が必要です。司書教諭は、そうしたチームの中核的存在としての「人」なのです。

4　学校司書の法制化、その役割・職務

4-1　学校司書の配置

　学校図書館法附則第2項の「当分の間」規定（司書教諭の「配置猶予規定」）が長期化するなか、学校図書館の日常的業務を掌るため、学校図書館業務を担当する職員が雇用、配置されるようになりました。学校司書（学校図書館事務職員）です。

　その学校司書は、学校図書館法成立の6年後（1959年）に制定された「学校図書館基準」（文部省）のなかで、「学校図書館職員」の一員として、司書教諭とともに「事務職員」という名称で登場しています。いわゆる今日の学校司書です。その学校司書は、司書教諭の配置猶予が続くなか、その職務を通じて学校図書館の実質的担い手として、司書教諭的な任務を兼ねながら、学校図書館で確かな地歩を築いてきました。

　しかし現在、学校司書が配置されている学校は全国で約半分です。前述の文科省の調査によると(23)、学校司書の配置割合は、国公私立合計で小学校54.3％、中学校53.0％、高校64.5％です。また、司書教諭が学校図書館法上に規定された職種であるのに対し、学校司書は、法制化された職種ではなかったため、雇用形態・身分・職種・待遇などに大きなばらつきがあります。特に勤務形態については、常勤として配置している学校は、先の文科省の調査によれば、小学校10.0％、中学校13.3％、高校53.6％です。また別の調査（全国学校図書館協議会）によると、教育職が少なく行政職での雇用が多くなっています。「特に小・中学校はでその傾向が顕著(24)」です。

4-2　学校司書の法制化

①法制化への長き道のり

　長年にわたり学校司書の身分保障をはじめ、学校司書の「あり方」が学校図書館界で大きな問題になってきました。「専任」で、「専門」性をもった「正規」の学校司書の配置、その法制化が大きな課題となりました。

　その思いは、すでに学校図書館法誕生直後からありました。法制定2年後（1955年）に開催された第6回全国学校図書館研究大会（徳島大会）で、早くも「学校図書館専任事務職員の身分の安定措置を講ずること」という決議が採択されました。また法制定当時に、全国学校図書館協議会事務局長の任にあった松尾弥太郎が「学校図書館法の中に、事務職員の一項をいれなかったことは、かえすがえすも大きなミスだったと考える」[25]という一文を「学校図書館」に載せています。1960年、学校図書館法が成立してから8年目の述懐です。この事務職員というのは、学校司書のことです。

　「学校司書の身分も職務もきちんとしたい」。その思いは、いまから約60年前に学校司書自らの言葉によって世に明らかにされました。1957年、札幌で開催された第8回全国学校図書館研究大会で、初めて学校図書館事務職員分科会が設けられ、この大会参加の事務職員の話し合いによって「学校司書」の名称が誕生しました。この大会で鹿児島（玉龍高校）から参加した郡山幸子が、「涙を抑え毅然（きぜん）として仲間の専任配置・身分保障・待遇改善」を訴えました。それは「学校図書館史に永遠に残るもの」[26]でした。

　こうして、「学校司書の法制化」は、長年にわたる学校図書館運動の大きな課題となりました。その法制化が、ようやく2014年に実現しました。学校図書館法の一部改正案が6月20日に参議院本会議で可決・成立し、27日に公布、そして15年4月1日から施行されたのです。

　今回の改正も、学校図書館関係者の長年の尽力の結果です。2011年に、学校図書館の機能強化を目指して、既存の組織（子どもの未来を考える議員連盟、文字・活字文化推進機構、学校図書館整備推進会議）の協同によって学校図書館活性化協議会が設立されました。そして「国会、自治体の具体的な政策課題」の一つとして、「学校司書の全校配置、司書教諭の専任化の推進」が盛り込まれました。改めて、大きな一歩が踏み出されたのです。そして、12年には、その学校図書館活性化協議会などの団体が主催して「学校司書

の法制化を考える全国の集い――学校図書館の活性化をめざして」が衆議院第1議員会館で開催されました。その呼びかけ文には「学校図書館法改正等を通じて、学校司書の法的な位置づけを行う必要があります」とあります。
　そして、翌2013年6月12日に、衆議院法制局から学校図書館法改正の「骨子案」が提示され、法改正は、現実味を帯びてきました。そうしたなか、14年4月15日に超党派（与野党9党）の学校図書館議員連盟が設立され、5月22日の学校図書館関係団体（5団体）に対するヒアリングを経て法案を整備し、改正案は国会に提出され、前述のように可決・成立しました。

②法制化、その意義と課題
　改正点は、次の2点です。第5条（司書教諭）の次に、1条を加え（第6条とし）、次のように規定しました。

　　（1）学校には、前条第1項の司書教諭のほか、学校図書館の運営の改善及び向上を図り、児童又は生徒及び教員による学校図書館の利用の一層の促進に資するため、専ら学校図書館の職務に従事する職員（次項において「学校司書」という。）を置くよう努めなければならない。
　　（2）国及び地方公共団体は、学校司書の資質の向上を図るため、研修の実施その他の必要な措置を講ずるよう努めなければならない。

　さらに、附則で、

　　国は、学校司書の職務の内容が専門的知識及び技能を必要とするものであることに鑑み、この法律の施行後速やかに、新法の施行の状況等を勘案し、学校司書としての資格の在り方、その養成の在り方等について検討を行い、その結果に基づいて必要な措置を講ずるものとする。

として、国は学校司書の資格と養成のあり方を検討し、必要な措置を講じることを規定しています。
　次に、この改正法の特徴を若干述べたいと思います。
　第1は、学校司書の位置づけが明確化されたことです。「学校図書館の運営の改善及び向上を図り、児童又は生徒及び教員による学校図書館の利用の

一層の促進に資する」ことがそれです。学校司書は、学校図書館運営の「改善」「向上」を図り、利用のいっそうの「促進」に資することになったのです。こうした認識が、法に示されたことの意義は大きいと思います。

　第2は、附則で、その職務が「専門」性を有していることが明記されたことです。「学校司書の職務の内容が専門的知識及び技能を必要とするものである」という文言がそれです。しかし、その専門性の中身について法は何ら規定していません。どのような専門性なのかは、今後の論議を待つことになります。この点は、後述する資格の取得とも関連することです。

　第3は、その配置は各自治体（学校）の努力目標だという点です。「置くよう努めなければならない」という規定がそれです。司書教諭が「置かなければならない」（第5条）と規定されているのと比べると大きな違いです。各自治体の学校図書館に対する認識度、財政状況などによって、自治体間で「差」が生じかねません。しかし、学校司書の配置が、法に規定されたことの意義は大きいと思います。

　第4は、学校司書の資格、養成については具体的には何ら明確化されていないという点です。資格の取得要件（科目・単位など）や養成機関についてまったく規定されていません。司書教諭が教員免許の取得と司書教諭講習の修了を資格要件としているのと比べると大きな違いです。すべては、今後、「必要な措置を講ずるものとする」となっています。しかも、その「必要な措置」がいつまでに講じられるかの規定はなく、長期化する懸念もあります。

　第5は、規定されていない点です。「専任」「正規」についてです。すなわち、学校司書が配置されても、学校司書の職務に専任として従事できるかどうか、あるいはその身分は正規なのか非正規なのかについては何ら規定がなく、各自治体の考えに委ねられています。同法改正の際に衆・参両院で「附帯決議」が可決されましたが、そのなかに「学校司書が継続的・安定的に職務に従事できる環境の整備」の必要性が述べられています。しかし、「継続的・安定的」な職務であるためには、専任で正規であることが求められるのです。

　第6は、学校司書は、学校図書館の職務に「従事する」と規定されている点についてです。他方、司書教諭は学校図書館の専門的職務を「掌る」（第5条）と規定されています。そのため、「掌る」と「従事する」にどのような相違があるのかが問われることになります。ある『法令用語辞典』では、両

者の意味について次のように解説されています。
ⓐ「掌る」とは、「公の機関又はその職員が、一定の仕事を自己の担任事項として処理することをいう」。またこの語は、「機関又は機関内の部局等の長、次長等上級の職員については余り用いられず（略）、これよりやや下級で一定の範囲の職務について責任を有する職員について多く用いられている」。
ⓑ「従事する」とは、「以上の職員より更に下級の職員の職務内容を表す」のに用いられることが多い。

　しかし、こうした規定の相違を両職の「専門性」のなかでどのように捉えるべきなのか、またそれが両職の「協働関係」の構築にどのような影響を与えるのかは、今後の課題であると思います。

　以上のように、法改正は学校司書の問題を「解決」したわけではありません。多くの課題を積み残したままの改正です。しかし、「学校図書館法に新たに学校司書の条項が加えられ、その法的位置づけがなされたことによって、我が国の学校図書館はさらなる充実・発展へ新たな一歩を踏み出した」という思いをもった人も多いと思います。

　「法改正は、改革の始まりである」。学校図書館の発展に長年かかわってきた肥田美代子（文字・活字文化推進機構理事長）は、こう述べています。筆者も、法制化を特集した「学校図書館」に、「新たな「ステージ」に立った学校図書館」と題した拙論を寄せました。「ステージ」は用意されました。しかし、そのステージで何がどのように演じられるかは、前述したさまざまな問題点をどのように解決していくかにかかっていると思います。

　そのためにも、まずは、先に掲げた諸課題が早急に実現されるような取り組みが必要です。「法制化」を成し遂げた学校図書館関係団体（人）や立法府が、さらに連帯的に運動を進めることが求められていると思います。

4-3　「協力者会議報告」——学校司書の役割・職務

①3項目の「支援」

　学校司書関連の法改正とかかわってある報告書が発表されました。『これからの学校図書館担当職員に求められる役割・職務及びその資質能力の向上方策等について』です。これは、文科省に設けられた「学校図書館担当職員の役割及びその資質の向上に関する調査研究協力者会議」（2013年8月設置）の報告書（以下、『報告書』と略記）で、法改正の3カ月前の2014年3月に発表

されました。⁽³³⁾

　この『報告書』は、学校司書の今後を指し示した重要な内容を提起しています。『報告書』は、4点から構成されています。第1は学校図書館の位置づけと機能について、第2は学校図書館の利活用の意義について、第3は学校図書館担当職員に求められる役割・職務について、第4は学校図書館担当職員の資質能力の向上を図るための方策について、です。

　学校図書館の位置づけと機能については、「読書センター」「学習センター」「情報センター」の3つの機能を提起し、さらにこれらの機能を担うために、学校図書館担当職員に求められる役割・職務として、機能ごとに次の点（概略）をあげています。

ⓐ読書センターとしての機能
　・学校図書館が読書活動の拠点となるような環境整備
　・学校での読書活動の推進や読む力の育成のための取組の実施など
ⓑ学習センターとしての機能
　・授業のねらいに沿った資料を司書教諭や教員と相談して整備
　・児童・生徒に指導的に関わりながら学習を支援
ⓒ情報センターとしての機能
　・図書館資料を活用した児童・生徒や教員の情報ニーズへの対応
　・情報活用能力の育成を目的とした指導のための教員との事前打ち合せ

　そして、学校図書館には、これらの3つの機能を発揮して、「学校・家庭・地域社会を結び付け、地域ぐるみで児童生徒の読書活動を推進していく要としての役割も期待されてきている」と、述べています。

　特に学校司書とのかかわりで重要なのは、3点目の「学校図書館担当職員に求められる役割・職務」です。その役割・職務について、次の3項目をあげています。

　　（1）児童生徒や教員に対する「間接的支援」に関する職務
　　　・図書館資料の管理
　　　・施設・設備の整備
　　　・学校図書館の運営
　　（2）児童生徒や教員に対する「直接的支援」に関する職務
　　　・館内閲覧、館外貸出

・ガイダンス
　・情報サービス
　・読書推進活動
（3）教育目標を達成するための「教育指導への支援」に関する職務
　・教科等の指導に関する支援
　・特別活動の指導に関する支援
　・情報活用能力の育成に関する支援

②「教育・指導的」支援の拡大
　これらの職務は、これまで文科省が論じてきた学校司書の職務内容と比べると、その範囲は大きく拡大していると思われます。かつて文部省は、『学校図書館の管理と運用』で、学校図書館事務職員（学校司書）の具体的職務内容を「技術的職務」と「奉仕的職務」に二分し、その「奉仕的職務」の内容として、ⓐ館内閲覧の事務、ⓑ館外貸出の事務、ⓒ学校図書館資料の利用案内、などの職務を列挙したことがあります。
　また、学校図書館法の改正（1997年）の際には、司書教諭と学校司書との職務分担との関連で、学校司書の職務が論じられたことがありました。その際の文部省の考えは、大筋次のようなものでした。

●参議院文教委員会での初等中等教育長の答弁（1997年5月8日）（以下、「答弁」と略記）
　司書教諭は、学校図書館を活用して教育指導全般のレベルアップを図る。つまり、教育活動という面での中核的な役割を担う。それに対し、学校司書は図書館の円滑な管理運営という重たい役割を果たしている。

●法改正を受けて出された「学校図書館法の一部を改正する法律等の施行について（通知）」（1997年6月11日）（以下、「通知」と略記）
　学校図書館担当の事務職員は、図書館サービスの提供や学校図書館の庶務・会計等の職務に従事しているものであり、その役割は、司書教諭の役割とは別個のものであることに留意すること。

　「答弁」は司書教諭と学校司書の役割の違いを述べたのに対し、「通知」は

学校司書の役割について言及したものです。もちろん、両者は別々の職務を論じているのではなく、「円滑な管理運営」のなかには、「図書館サービスの提供および学校図書館の庶務・会計等」も包含されていると思います。

　そこで、これらの行政側が示した学校司書の職務を参考にしながら、『報告書』にいう職務を改めて検討してみます。

　『報告書』の特徴は、学校司書の職務を「支援」という営みとして統一的に把握し、その具体的内容を「間接的支援」「直接的支援」「教育指導への支援」の3つに区分したことです。その「支援」は、図書館で日常的に使用されている用語に置き換えると、多くは「図書館サービス」といわれる活動に含まれるものです。

　その図書館サービスには、ⓐ図書館が利用者に対しておこなう直接的な諸活動（直接的サービス、パブリックサービス）、ⓑ図書館内部でおこなわれる資料の管理と組織化を中心とした諸活動（間接的サービス、テクニカルサービス）の2つがあります。前者のサービス（パブリックサービス）の中心は、資料提供サービス（閲覧・貸出）、情報提供サービス（レファレンスサービスなどの情報サービス）で、さらに読書相談、予約・リクエスト、複写サービスなどが含まれます。後者のサービス（テクニカルサービス）は、前者のサービスを背後で支える活動で、資料収集や組織化、装備、配架、蔵書管理、廃棄、環境整備などの業務が含まれます。

　こうした図書館サービスの理解をもとに、もう少し『報告書』の内容を見ていきます。すると、「教育指導への支援」のなかには、教育活動とかかわった職務が多々含まれていることがわかります。

　たとえば「教育指導への支援」として、「授業のねらいに沿った図書館資料の紹介・準備・提供」という職務があげられています。そのためには、当然にも「各学年・各教科等に関する教育課程の目標・内容の理解」「効果的な図書館資料の紹介・準備・提供」が必要です。また「学校図書館を活用した授業を行う司書教諭や教員との打ち合わせ」という職務もありますが、そのためには、「授業の目的・内容・展開等、授業づくりに関する概要の把握」「授業の中で指導される情報活用能力のスキルに関する事項」が必要です。

　こうした支援は、教師への情報提供としても広がっています。「学校図書館の活用事例に関する教員への情報提供」がそれです。具体的に、「教育効

果が高いと思われる事例等の紹介」「教員の教材研究への協力」などが列挙されています。

さらに、「教育指導への支援」には、「ティーム・ティーチングの一員として児童生徒に指導的に関わる学習の支援」「資料の検索方法やデータベースの利用方法についての指導に関する支援」などが列挙されています。

これらの支援（職務）は、どれも日常の「教育」そのものとかかわっています。前述した学校図書館業務の類型（28ページ）に当てはめると「奉仕的事項」と「教育・指導的事項」とが一体化しているわけです。

また「間接的支援」のなかには、「資料収集方針や選定基準、廃棄基準の作成」が含まれています。これまでは、こうした方針、基準の「作成」は、主として司書教諭の職務（あるいは全校的合意で決定）で、学校司書はその方針、基準に基づいて収集や廃棄をすると理解されていました。(37)また「学校図書館に関する計画等の作成」「予算編成（予算案の作成）」も学校司書の職務に含まれていますが、これらの「作成」も、主として司書教諭が担うのが通例でした。こうしてみると、「間接的支援」のなかにも、これまで司書教諭が担うとされていた「管理・経営的事項」が入り込んでいます。

総じて見るなら、『報告書』での学校司書の職務内容は、これまでよりも教育・指導的営為を多く含んだ内容になっています。それだけに、「これらの全てを学校図書館担当職員が単独で扱うという趣旨ではなく、職務の内容に応じて、司書教諭等の学校図書館に関係する教職員と協働・分担して当たることが求められるもの」です。その意味で、『報告書』での学校司書の職務内容は、学校図書館での協働関係のありようの再検討を迫るものでもあります。

4-4　学校図書館での「協働関係」

①「協働関係」の構築

『報告書』でいう学校司書の職務を実質化するには、特に司書教諭との協働関係の構築が重要になってきます。その点、現在、学校図書館での「人」の配置はどうなっているのか、前述の文科省の調査報告（『平成26年度「学校図書館の現状に関する調査」結果について（概要)』）をもとに、協働関係を検討します。

その調査報告書によると、学校司書の配置状況は、小中高、国公私立を含

めて、次の4つに類型化されています。（ ）は、構成比です。

　　（A）司書教諭発令あり＋学校司書配置あり（40.6％）
　　（B）司書教諭発令あり＋学校司書配置なし（25.6％）
　　（C）司書教諭発令なし＋学校司書配置あり（14.7％）
　　（D）司書教諭発令なし＋学校司書配置なし（19.0％）

　これらの類型のなかでは、司書教諭、学校司書の2職種併置型の（A）が最も多くの割合を占めています。その際両者の職務は何なのか、そして両者の協働関係はどうなのかが、大きな課題になってきます。
　『報告書』でいう学校司書の役割・職務には、前述のように、「教育・指導的事項」を含んだ職務（直接的サービス）への広がりがあります。それは、学校司書の「教育」分野への職務の広がりへとつながります。
　そもそも、学校図書館での直接的サービスとしての「奉仕的事項」には、それ自体に「教育・指導的事項」が内在化されています。たとえば、閲覧・貸出という情報提供サービスは、子どもの学ぶ権利、知る権利の実現と結び付いたサービスです。それだけに、子どもが図書館を利用する動機は何なのか、学習や調査研究なのか、あるいは興味・関心・娯楽なのか、そうしたことへの理解が求められます。閲覧・貸出は、そうした子どもの学習、知的要求を資料の提供を通じて充足していく行為であり、単なる資料の受け渡しに終わるものではありません。
　また、レファレンスサービスの効果的な実施は、図書館の利用の仕方、資料の利用法や情報の探し方などと関連しています。特に学校図書館でのレファレンスサービスは、資料や情報の検索・利用方法の指導（「学び方の学び」）とセットになっています。「奉仕的事項」それ自体が、「教育・指導的事項」と密接に結び付いているのです。
　これらのサービスのうち、特に「教育・指導」的内容が強いサービスは、これまでは主として司書教諭が担当するものと理解されてきました。しかし、『報告書』では、学校司書が「教育・指導」への拡張を伴った職務を司書教諭と「協同」で担うことが想定されています。そして、この「協同」的職務は、両職が併置されてきた学校では、これまで、すでに実践を通して共有されてきた職務でもあります。1980年代に入ってからの学校司書の数々の実

践報告には、そうした豊かな実践の数々が紹介されています。そして、この「協同」的職務を軸に、両者は他の職務についても「協働」しておこなうという関係に立っているのです。いわば、両職の「協働関係」の構築と実践です。

　そうしたとき、司書教諭の職務もこれまでとは異なった観点で問われることになると思います。学校司書の職務が司書教諭の守備範囲（職務）に「拡大」してくると、司書教諭の守備範囲（職務）も改めて問い直されると思います。司書教諭は、これまで以上に、
ⓐ学校図書館の意義と目的を全校的に明らかにする。学校図書館は、教育課程の展開と子どもの成長に不可欠な存在であることについて全教職員の理解を深める。積極的な図書館の利用と活用のための条件整備について企画・立案し、校内的な理解を図る
ⓑ豊かな教育課程の展開には、それに役立つ資料（情報）が必要である。そのことを前提に、教育課程の編成に協力し、その展開を支援する
ⓒ子どもや教師、いわば学校総体が必要としている資料（情報）が何であるかを日常的に把握し、そうした資料（情報）の収集、提供に努める
ⓓ子どもが自立的・創造的学習を展開するために、学校図書館メディア活用能力の指導計画を立案し、全校的な実施に努める
などに留意した職務の遂行が求められます。

②「協働関係」の複合性

　しかし、司書教諭と学校司書の協働関係の構築は、実際はさらに複雑化しています。それは、両職がどのような「属性」をもっているかにかかわる問題です。

　まず学校司書です。学校図書館法改正運動の共通目標は、学校司書の「専任」「専門」「正規」の3原則でした。この3原則が、個別の学校でどのようになっているかは、協働関係の構築のありようと深くかかわってきます。

　たとえば、学校司書が「専門」的資質・資格を有しているかは、学校司書がどこまで職務を担えるかと関連することです。また「専任」として学校図書館業務を担当できる状況にあるかどうか、雇用関係は「正規」なのかどうかも大きく関係してきます。他の職務も兼ねている（または複数校を兼任している）場合、あるいは非正規である場合には、協働関係の構築は限定的に

ならざるをえません。

　次に司書教諭です。まず司書教諭が、その学校のなかで、どのように位置づけられているかが問題になります。なかには、司書教諭の発令が、全校的に明らかにされていない場合もあります。こうした場合、司書教諭はその任務を真正面から担う気概をもつことが困難になりがちです。また、司書教諭（的）職務を担っているのは、司書教諭資格をもたない教員で、資格をもっている教員は他の分掌に就いているというケースさえあります。

　司書教諭が「担当授業時間数」の軽減をされているかも重要な要素です。軽減がなければ、司書教諭の職務を十分に担うことはできません。また司書教諭の教員としての経験年数も重要な要素になります。勤務年数が短い教員は、「自分の授業だけで精いっぱい」という思いを抱きます。そんなとき、他の教員に対しての「授業支援」にまでは手が回らないことが多いでしょう。[39]そして、何よりも、学校図書館がその学校で、どのように位置づけられているかが問われます。もちろん、管理者が学校図書館にどのような期待をもっているのかも問われることになります。

　両職の協働関係は、こうしたさまざまな要素が複合的に重なり合うなかで構築されるのです。ですから、実際には一つのパターンには収まりきらないのが実態です。

4-5 「協力者会議報告」——学校司書に求められる資質能力

①学校司書の「専門性」

　前述した「学校図書館担当職員の役割及びその資質の向上に関する調査研究協力者会議」報告書（『報告書』）は、学校図書館担当職員の資質能力の向上を図るための方策についても、重要な提起をしています。次に、この点について述べたいと思います。

　『報告書』は、「学校図書館担当職員に求められる資質能力について」という項目のなかで、学校司書に求められる専門性について、次の2項目をあげています。

　　（1）学校図書館の「運営・管理」に関する職務に携わるための知識・技能
　　（2）児童生徒に対する「教育」に関する職務に携わるための知識・技

能

　具体的には、前者（「運営・管理」）には、次のような知識・技能が列挙されています。

- 学校における学校図書館の意義に関すること
- 情報や資料の種類や性質に関すること
- 図書館資料の選択・組織化及びコレクション形成・管理に関すること
- 情報機器やネットワーク、情報検索に関すること
- 学校図書館の施設・設備の管理に関すること
- 著作権や個人情報等の関係法令に関すること

後者（「教育」）には、次のような知識・技能が列挙されています。

- 児童生徒の発達に関すること
- 学校教育の意義や目標・学校経営方針に関すること
- 学習指導要領に基づく各教科等における教育内容等に関すること
- 学校図書館を利活用した授業における学習活動への支援に関すること
- 発達の段階に応じた読書指導の方法に関すること
- 校務や学校における諸活動に関すること

　前者は主として「図書館」的知識・技能であり、後者は主として「学校教育」的知識・技能です。
　資質能力の点でも、『報告書』からは、学校司書に求められる今後の姿は、これまでとは異なったものとして浮かび上がってきます。教育活動に傾斜した学校司書像です。これまでの学校司書の資格は、公共図書館の司書養成を目的とした「司書」資格を基本としていましたが、これからはそれらに加えて「教育」に関する知識・技能も求められるという提言です。

②学校司書の資格、養成について
　この『報告書』と法制化を受けて、これからの喫緊の課題は2点あります。1点目は、学校司書の資格のあり方、2点目はその養成のあり方についてで

す。

　前述のように、改正法も「国は、学校司書の職務の内容が専門的知識及び技能を必要とするものであることに鑑み、この法律の施行後速やかに、新法の施行の状況等を勘案し、学校司書としての資格の在り方、その養成の在り方等について検討を行い、その結果に基づいて必要な措置を講ずるものとする」と、附則で規定しています。「国」が、今後「必要な措置を講ずる」としているのです。

　その「国」のなかには、行政機関（文科省）はもちろん、議員立法で法改正をおこなった国会も含まれます。学校図書館法の改正後に、学校図書館議員連盟など3者が出した「改正学校図書館法Q＆A」という小冊子があります。そのなかに「学校図書館議員連盟の役割とは何か」という問い（Q）があります。その答え（A）のなかで、改正法が議員立法によって進められたことを記したあとに、次のような説明（A）がされています。

　　　このような経緯にあることから、議員連盟は改正後の諸課題の解決についても、役割を果たすことになる。学校司書の資格や、その養成の在り方などの検討について、附則第2項の検討条項における検討主体を「国」とし、政府だけでなく国会でも検討することを明確にしたのは、このためである。(41)

　資格のあり方の検討では、現に学校司書である人、これから学校司書の資格を取得しようとする人、それぞれがどのような「要件」を満たせば、学校図書館法にいう「学校司書」に該当するのかが問われることになります。経験者には（経験者といっても、どのような要件を満たした人を経験者とするかも検討課題ですが）、何らかの「特別措置」を講じるのか、またそうだとするなら、どのような特別措置なのかも今後の検討課題です。

　また、新たに学校司書の資格を取得する人には、どのような要件（科目・単位など）が求められるのかも今後の検討課題です。その際、『報告書』で提起された学校司書の職務内容や専門性は、この資格のあり方（資格の取得）とかかわり、重要な意味をもつことになると思います。

　養成のあり方では、どの機関で養成するかという問題があります。大学在学時に取得するのか、司書教諭講習のように一定期間を特設した講習にする

のか、あるいは両者を並存するのかも検討課題です。

③学校司書の研修について

　仕事に関する資格の取得は、その職種に就くためのスタートラインに立つことを意味します。学校司書の資格も同様です。しかし、どの職種もそうであるように、それぞれの職種に精通するには、多くの経験と研修が必要です。

　研修の機会は、何よりも日常の図書館業務のなかにあると思います。仕事そのものが、その人を育てていくのです。未知の仕事にチャレンジしてそれを成し遂げた、困難な課題を解決したという経験は、次への大きなステップとなります。また、同僚教師や校長・教頭などの先輩から教えられ学んだことが多いほど、それが刺激となって次への飛躍を生み出します。

　しかし学校図書館担当者の人数は、個々の学校では多くはありません。先の「2014年度学校図書館調査報告」によると、その人数は、小学校1.9人、中学校2.0人、高校は3.4人です。(42)このなかには、司書教諭も学校司書も係り教諭も入っています。学校司書だけだと、2人以上配置の学校はきわめて少ないと思います。

　それだけに、より専門的な知識や技能を身につけるには、外部との接触が大切になります。近隣の学校司書や公共図書館の担当者とのコミュニケーションは、自らを高めていく日常的な方法です。また、学校内での同僚教師などとの授業や子どもの指導に関する意見交換も資質を高めるために欠くことはできません。

　そうした日常体験をもとに、系統的な研修も重要になってきます。司書教諭の場合は、その多くは、地方自治体が設置した学校の教員（教育公務員）です。その教育公務員については、教育公務員特例法（1949年）で、「研修」に関する事項が規定されています。「教育公務員は、その職責を遂行するために、絶えず研究と修養に努めなければならない」（第21条第1項）、「教育公務員には、研修を受ける機会が与えられなければならない」（第22条第1項）の規定がそれです。

　しかし、同法での「教育公務員」は教員などを指し、学校司書は含まれていません（同法第2条第1項、第2項）。しかし、こうした研修の意義は、学校司書にも当然当てはまるものです。そして、公立学校の学校司書だけでなく、国立、私立学校の学校司書にもこうした基本的な考え方は適用されなければ

なりません。

　その際、研修の実施主体は何よりも自治体です。自治体（教育委員会など）の責任で資質向上を図ることが重要です。改正学校図書館法は、「学校司書の資質の向上を図るため、研修の実施その他の必要な措置を講ずる」ことを規定していますが、その実施主体は「国及び地方公共団体」となっています（第6条第2項）。また、「子どもの読書活動の推進に関する基本的な計画（第3次）」(43)（2013年5月）でも、地方公共団体は「学校図書館担当職員の更なる配置に努めるとともに、研修の実施など学校図書館担当職員の資質・能力の向上を図るための取組を行うことが期待される」と、自治体による研修への期待が述べられています。そのうえに立って、民間の学校図書館団体（全国学校図書館協議会、各地の学校図書館協議会、学校図書館問題研究会、日本図書館協会など）による研修が重なることが求められます。

　その研修を実効的なものにするために、ⓐ初めて学校司書になった人（初任者）を対象とした研修、ⓑ経験を積んだ学校司書（経験者）がさらに知識・技能を高めていくことを目的とした研修など、経験や能力に応じたきめ細かな研修が必要です。また学校司書単独の研修だけでなく、協働関係を構築する司書教諭との合同の研修も重要です。両職の任務の相違を改めて確認できるとともに、両職の協働関係の理解も深まることと思います。

　学校司書のなかには、「専任」「正規」でない人も多々います。こうした条件下の学校司書は、研修の機会がきわめて少なく、交流の機会も限定されがちです。それだけに、研修の機会はなお重要なのです。

④学校司書の自主研修グループ「SLの会」（旭川市）

　北海道旭川市では、2005年度から「学校図書館補助員」の配置事業がおこなわれていて、10年目を迎えた14年（8月現在）には、小学校55校、中学校26校に合計53人（小学校37人、中学校16人）の補助員が配置されています。勤務時間は小・中学校とも1週20時間（1日4時間×5日）で、業務は「執務要領」によると、図書館整備業務、貸出および利用者の指導業務、図書館情報の管理業務、読書相談および広報活動など学校図書館業務の多くを担うことになっています。しかし、嘱託員であり契約は1年ごとの更新（再任用あり）のため、恒常的な公的機関による研修の機会がありません。

　そのため、「補助員の資質の向上のために何とか研修・情報交換の場がほ

しい」という思いで、補助員たちが独自に自主研修グループSLの会を組織しました。「SL」とは、学校司書「School Librarian」に由来しています。補助員導入3年目の2007年のことです。会のなかに事務局を設け、会費を募り、名簿・連絡網も作成しています。そして、この会は、独自に研修を実施してきました。13年度は、合計10回の「学習会」を実施しています。その内容も、仕事の悩み交流、読書週間向けプレゼント製作実習、本の修理、学校図書館のあり方、旭川市立中央図書館ツアー、調べ学習に役立つ本のリスト作りなど多彩です。特に「補助員がすすめる本」のリストは、理科・数学・中学社会・哲学・職業・スポーツなど広範囲に及び、各冊ごとに書誌的事項を含めて内容も紹介されています。各学校では選書のツールにもなるブックリストで、研修の成果の一端をうかがうことができます。さらに、同会は年10回の「会報」も発行し、13年度末には通算71号を数えています[44]。そして、15年4月から、学校図書館法の改正もあり、職員の名称も「学校司書」となりました。

　学校司書は、絶え間ない研修によって、学校図書館サービスの質を高める力量をもちたいものです。そして、非正規の学校司書にも、雇用主体である地方自治体（教育委員会）によって恒常的な研修の機会を認定してもらいたいものです。それが、学校司書の資質能力の向上を通じて図書館サービスの向上につながり、ひいては子どもの「学び」を支援し、「育ち」を支えていく学校図書館を創ることになります。

5　学校図書館にかかわる「人」

5-1　係り教諭

　この章の最後に、司書教諭、学校司書以外の学校図書館にかかわる「人」について略述します。

　まずは、学校図書館の「係り教諭」です。この係り教諭にも2つのパターンがあります。第1は、司書教諭、学校司書の両職、あるいは一方が発令、配置されている場合の「係り教諭」です。前述した（40ページ）4つの類型によれば、(A)(B)(C)の場合です。

　この場合、司書教諭が発令されていれば、「管理・経営的事項」は司書教

諭自身が担うことになります。また学校司書が配置されていれば、「技術的事項」は学校司書が担うことになります。ですから、この場合の係り教諭の任務は、司書教諭（学校司書）を補助して、「奉仕的事項」「教育・指導的事項」を軸に展開されることになります。しかし、この場合でも、その係り教諭が、司書教諭の資格を取得しているか否か、勤務年数がどのくらいなのか、などの要件によってその任務は個別的に検討されることになります。

　第2は、司書教諭、学校司書の両職とも発令（配置）されていない場合です。先の類型によると（D）の場合です。そうした学校が、全国に19%もあるというのは驚きです。たぶんその多くは、11学級以下の学校だと思います。この場合の係り教諭の任務は、基本的には学校図書館法第4条に規定された運営事項を担うことになります。具体的な業務には、前述した（28ページ）「管理・経営的事項」「技術的事項」「奉仕的事項」「教育・指導的事項」のすべてです。しかしながら、とてもそのすべてを担えるとは思えません。

　さらに、当該の係り教諭が司書教諭の資格を取得していなければ、担える業務は限定されます。資料の組織化（分類など）に関する知識と技術がなければ「技術的事項」を担うことは困難で、収集した資料は、分類されないまま配架されかねません。また図書原簿への記入も不十分になりかねず、そうだとすると、自館の蔵書の全体像を把握することも困難になります。さらにレファレンス機能も十分発揮できないように思われます。あわせて、係り教諭がその学校で他にどのような校務分掌を担っているかによっても、担える業務の範囲は異なってきます。

　私は、夏に開催される「学校図書館司書教諭講習」の講師を長い間担当してきましたが、受講者のなかには11学級以下の学校に勤務している現職の教員もいます。受講の理由を尋ねると、「学校図書館の係りになった。でも、どうしたらいいのかわからないのでこの講習を受講して、学校図書館のことをきちんと学んでいきたい」という声が返ってきます。うれしい意欲的な姿勢です。「先生の力で、これから学校図書館が見違えるように変わっていきますよ」と声をかけると、「頑張ります！」という力強い声が戻ってきます。こうして資格を取得した係り教諭は司書教諭の任務を担うことができるので、係り教諭ではなく司書教諭として発令することが大事だと思います。前述のように、文科省の統計[45]によると、11学級以下の学校への司書教諭の発令割

合は、小学校27.2％、中学校29.8％、高校30.2％になっています。11学級以下の学校への司書教諭の発令が強く求められます。

5-2 学校図書館ボランティア

　司書教諭は発令されているが、担当授業時間数の軽減がない（あるいは不十分）、さらに学校司書は配置されていないという学校が多々あります。前述の4類型の（B）の場合で、全国で25.6％になっています。こうした場合、学校図書館の開館がきわめて限定的になりかねません。昼休みだけ、放課後一定の時間だけ、あるいは特定の曜日だけというケースも生じかねません。そして、学校図書館サービスも滞りがちになります。

　こうした場合に、図書館業務の補助をするために、「学校図書館ボランティア」を雇用する自治体（学校）があります。その身分は非正規で、時間（曜日）限定で、図書館にかかわる資格の取得を求めない、という場合が一般的です。また任務は、貸出・閲覧、館内整備など限定的です。

　この場合は、何よりも管理者がボランティアにその任務をきちんと説明することが大切です。また司書教諭はボランティアと密接な連絡・調整を図ることも大切なことです。こうしたことが不十分な場合、ボランティアは、自分の力をどのように発揮したらいいのか戸惑うことになります。それは、結果として人材を十分に活用できないことにつながります。ボランティアのなかには、地域で読み聞かせ、ブックトークなどの活動を経験した人も多くいます。連携を十分にとりながら、その「力」を生かせるようにするのは、何よりも雇用する側の問題です。

　またボランティアは、（B）の類型以外にも見られます。（D）の場合（司書教諭発令なし＋学校司書配置なし）です。この場合のボランティアは、係り教諭とともに学校図書館を支える「人」になります。そして、多くのボランティアは、その学校が立地されている地域と深いかかわりをもっています。そうした地域の声をボランティアとして生かしてもらいたいと思います。

5-3 図書委員会顧問

　図書委員会の顧問も学校図書館にかかわる有力な「人」の一員です。
　図書委員会活動は、学校図書館を主たる活動の場として展開される児童・生徒の自主的活動で、学校教育では多くの場合「特別活動」の一部に属して

います。その特別活動は、児童・生徒の自主性を基盤に据えた活動であり、学習指導要領にも、「児童（生徒）による自主的、実践的な活動が助長されるよう」配慮すべきことが述べられています。

その活動を担う図書委員は、戦後教育の所産でもあります。戦後の刊行（1948年）で、学校図書館の意義とその教育的役割を解説した文部省編『学校図書館の手引』に、「学校図書館の運用」（第4章）の方法として「図書委員」に関し、次のような記述があります。

> 学校図書館の運用は、あくまでも生徒の読書生活の現実に立脚して、下から読書生活を盛り上げて行く方向をとるべきである。そのためには教師が作って与えるよりも、生徒の自発性と自主性とを尊重し、その運営について十分意見を述べさせ、仕事と責任とを持たせるようにしなければならない。[46]

ここに記された図書委員は、今日の図書委員と同一ではありませんが、自主性や創造性が求められた戦後初期の教育のなかで、図書委員が想定され、学校図書館の運営が、その委員の「自発性と自主性」を尊重しておこなわれるべきであるという指摘は、60年余りを経た今日も示唆に富むものです。

図書委員会活動は特別活動の一環ですから、その指導のあり方が重要になります。第1は、児童・生徒の自発性、自主性を生かした活動になるようにすることです。そのためには、委員各自の個性や創造性を大切にした指導、さらには委員各自が積極的に委員会活動に参加できるような指導が求められます。

第2は、図書委員会活動を学校の教育計画のなかに位置づけることです。特別活動（委員会活動）自体が教育計画の重要な一部を形成していますが、学校図書館は、学校教育に「欠くことのできない基礎的な設備」（学校図書館法第1条）であり、その運営は教育的営為の一部です。その運営に、図書委員会活動は深くかかわっています。こうしたかかわりは、文部省も早くから示しているところです。1959年に制定された「学校図書館基準」[47]には、「学校図書館の運営には、特に次の諸点に留意する」として、「必要な委員会を設けて、学校図書館運営の円滑を期する」「児童・生徒の委員を選出して、積極的に運営・奉仕に参加させる」ことが記されています。図書委員会活動

が有するこうした「特性」を教育計画のなかに組み込むことが大切です。

　第3は、図書委員会活動を図書館担当者の手伝い、あるいは人手不足を補うという捉え方をしないことです。特別活動は、集団活動を通して個性の伸長、自主的・実践的態度の育成、自己の生き方の自覚などを目指した活動です（学習指導要領）。

　その委員会活動は、学校図書館の基本的任務と重なる部分があります。そうした任務の一端を図書委員が担っています。こうした図書館活動（サービス）を通じて、図書委員は奉仕することの大切さや奉仕の精神を身につけていくのです。それだけに、図書委員会活動がどのようになされるかは、学校図書館の日常的運営にも大きな影響を与えます。多くの学校（特に高校）では、貸出・返却の受付などの他、配架、書架の整理、さらには館内装飾、館報（「図書館だより」）の発行などを通じて、学校図書館の運営事項の一端を担っています。

　それだけに、図書委員会を担当する教師（顧問）の指導のありようは、図書委員会活動に大きな影響を与えます。何よりも、顧問教師自身が図書委員会活動の教育的意義を理解していなければなりません。自主的・実践的活動を通じて、一人ひとりの児童・生徒が自分の個性を発揮し、自己を形成していくという教育に固有の営みがこの図書委員会活動にも内在化している、そのことを十分に理解することが必要です。顧問教師は、こうした指導を通じて学校図書館を担う有力な「人」になっているのです。

5-4　学級担任、教科担任

　学級担任や教科担任も、学校図書館を担う「人」の一員です。読書指導ひとつ取り上げても、継続的な指導が必要になってきます。学校図書館担当者が、読み聞かせやブックトークなどを通じて読書の面白さを子どもに伝えても、それが継続されるには、学級担任の役割が重要になってきます。

　また「教育課程の展開」は、日々の授業という営みのなかにあります。ですから、その「展開に寄与」することは、日々の授業を学校図書館の総体をもって支援することです。それは、学級担任や教科担任との連携・協力がなくては実現できないことです。学校図書館の「教育課程の展開」への寄与が実践され継続・拡大するかどうかは、学級担任や教科担任の学校図書館へのかかわりと深く関連しているのです。

また、資料の活用の仕方や情報の検索方法の指導（「学び方の指導」）は、学校図書館が主体になって立案、実施するものですが、その指導のための時間の確保が容易でないのも現実です。そのため、教科の時間のなかでそうした指導をする必要が生じてきます（「融合方式」(48)による指導）。また、「学び方の指導」を司書教諭（学校司書）だけで担うことができないこともあります。司書教諭の担当授業時間数の軽減が保障されていない場合はなおさらです。そうした場合、その指導は学級担任などがおこなうことになります。学校図書館が立案した指導計画が、学級担任などを通じて実施されていくのです。学級担任も教科担任も、学校図書館にかかわる重要な「人」になるわけです。

　特に、学級担任や教科担任が学校図書館を「学校教育において欠くことのできない」学習環境だと認識してそれを子どもたちに伝えることは、子どもの学校図書館利用に大きな影響を与えます。また、学級担任や教科担任が学校図書館資料を「教材」として活用すること、そして子どもにも学校図書館には「学習材」がたくさんそろっていることをアドバイスすることも、大切なことです。

　司書教諭（学校司書）は、そのためにも普段から職場での信頼を得て、同僚教職員とコミュニケーションができるようにしておかなければなりません。「本が好きだから司書教諭（学校司書）になった」という人もいます。「本が好きなこと」はとても大切なことですが、その本と人（子ども、教師）とを結ぶのが、司書教諭（学校司書）の役割です。「結ぶ」ためには、信頼とコミュニケーションが大切なのです。

5-5　図書館主任

　図書館主任とは、法令上の職制ではなく学校の校務分掌上の名称の一つです。その図書館主任も、学校図書館を担う「人」の一員です。この場合の図書館主任の位置づけは、学校図書館の責任者としての位置づけです。

　学校が一つの組織として運営されている以上、学校経営を円滑かつ能率的に推進するために、校内に内部組織（「校務組織」）を編成します。学校図書館を管轄する組織も、そうした校務組織の一つです。その学校図書館に関する組織が、各学校でどのようになっているかは多様です。そのなかで、図書館を他の校務組織とは別の独立した組織として位置づける場合があります。図書（館）部、図書視聴覚部などの名称で、他の校務組織とは独立している

場合です。こうした場合に、その組織の責任者として図書館主任が置かれることがあります。その図書館主任は、学校図書館の経営全般を担当し、校内の諸会議で学校図書館の意義や活用などを説明することになります。また校外の諸会議や研究・研修会に学校図書館の責任者として出席することが多くなります。

　しかし、その図書館主任の多くは、学級（教科）担任をもち、さらには他の校務分掌を兼ねています。こうした場合、学校図書館の任務を「専ら」担うことはできず、他の「人」（司書教諭、学校司書、係り教諭など）と協力して任務を遂行することになります。また、図書館主任が司書教諭の資格を取得しているか否かによっても、その任務の範囲や協力関係のありようは異なってきます。図書館主任が、司書教諭の資格を取得している場合は、「中核的」立場に立つことができます。しかし資格を有していない場合には、学校図書館の「専門的職務を掌る」司書教諭が、そうした知識・技能をもたない責任者のもとで任務を果たすという「逆転した関係」[49]になります。

　こうした「逆転」をなくし、学校図書館運営を名実ともに円滑にするには、司書教諭に発令された教員が図書館主任に就くのがいいと思います。この場合には、その図書館主任（司書教諭）は文字どおり学校図書館の「中核的」存在としての任務を果たすことができるのです。

5-6　学校管理者

　学校管理者、特に校長は、言うまでもなく学校図書館運営の最高責任者です。

　学校教育法は、校長の職務として「校長は、校務をつかさどり、所属職員を監督する」（第37条第4項、第49条〔中学校〕、第62条〔高校〕に準用規定）と規定しています。そのつかさどる「校務」は、ⓐ教育課程（編成・実施、年間指導計画の策定など）、ⓑ教職員人事（教職員の採用・異動、校内人事、校務分掌の決定、教職員への指導・助言など）、ⓒ児童・生徒の取り扱い（児童・生徒の指導、出席状況の把握、懲戒など）、ⓓ学校保健、学校事務、予算（物品購入の決定など）、ⓔ施設・設備、など多岐に及んでいます。

　そして、前述のように学校図書館運営は教育課程の展開にかかわる（学校図書館法第2条）ため、校長の校務に属することは言うまでもありません。また「児童生徒の健全な教養の育成」（同法第2条）を図ることは、学校教育で

はきわめて重要なことです。教育基本法も、学校教育の目標の第1に、「幅広い知識と教養を身に付け、真理を求める態度を養い、豊かな情操と道徳心を培う」（第2条第1号）ことを規定しています。そうした子どもの育成と深く関連する学校図書館をどう運営するか、それも校長の重要な校務に属するものです。もちろん、学校図書館は「設備」（学校図書館法第1条）としての性格を有しているため、その「設備」の維持・管理も校長の校務の一部です。

それだけに校長は、学校経営計画のなかに学校図書館運営の方向性（学校図書館経営計画）を明確に位置づけることが大切です。学校図書館が学校の全体像のどこに位置づけられ、どのような意義を有しているか、そうしたことを全教職員に明らかにすることによって、学校図書館機能が全校的に浮き彫りになります。そうした計画を前提に、校長には、人的資源を配置し（「人」の配置）、財政措置をし（図書館運営費）、図書館サービスが展開できるような条件整備をすることが求められます。

校長の考えや方向性は学校の運営に大きな影響を与えます。それは学校図書館も同様です。それだけに校長には、ⓐ学校図書館の意義について職員会議などで説明する、ⓑ全校集会などで、生徒に図書館利用や読書の勧めについて話をする、ⓒ学校図書館にしばしば足を運ぶ、ⓓ図書館担当者と学校図書館運営について打ち合わせをする、などが望まれます。

特に学校図書館業務は、司書教諭の存在を前提に成り立っています（学校図書館法第5条）。そしてその司書教諭の資格取得には、前述のように「講習」の修了が求められています。学校の校務を担うのに教員免許以外の資格が求められるのは、学校図書館業務には、専門的知識・技能が求められているからです。そのため校長には、こうした司書教諭の専門的知識や知見を最大限生かしながら、学校図書館の「校務」を担ってほしいと思います。

5-7 教育委員会

教育委員会も学校図書館にかかわる重要な「人」の一員です。

教育委員会は、その職務権限の一つに「学校の組織編制、教育課程、学習指導、生徒指導及び職業指導に関すること」（地方教育行政の組織及び運営に関する法律第21条第5号）があります。そして学校図書館は、「学校教育において欠くことができない」教育環境として、教育課程、学習指導、生徒指導、職業指導の展開・支援に深くかかわっています。

それだけに、教育委員会は学校図書館の発展・充実に大きな責務を有しています。各自治体の学校図書館のありようは、当該教育委員会の学校図書館へのかかわりと密接な関連があります。「資料」の問題も「施設・設備」の問題も、そして「人」の配置も、当該教育委員会の学校図書館との向き合い方と深くかかわっているのです。
　筆者が住む札幌市では、現在「札幌らしい特色ある学校教育」を柱に据えた教育を実践しています。具体的には「雪・環境・読書」の3つが、その柱に据えられています。そのうちの「読書」は、「生涯にわたる学びの基盤」と位置づけられ、その施策の一つとして、学校図書館の充実が図られています。学校図書館図書標準を百パーセント達成し、学校図書館ボランティア派遣事業を開始しました。また、各学校に学校図書館アドバイザーを派遣して学校図書館の悩みに応える事業も実施しています。これらの事業の実施主体は教育委員会です。こうした施策によって、札幌の学校図書館は徐々に変化を見せ始めました。「読書が好きな子ども」の割合も増加しています。このように、教育委員会が学校図書館に積極的に取り組んでいる事例は全国各地で見られます。
　また、学校図書館の「一館孤立」性を脱して、ⓐ公共図書館とのネットワークを形成して公共図書館の資料を学校に貸出する、ⓑ自治体内の学校図書館相互間で連携して資料の貸借をおこなう、こうした自治体は全国には多数あります。しかし、こうしたことが可能になるには、それらの業務を集中的・主導的に担う部署が必要です。全国的に見られる学校図書館支援センターは、そうした例の一つです。そしてセンターには、学校図書館の運営を支援するために、「支援センタースタッフ」などの配置が必要です。これらは、その自治体の教育委員会のもとで実施されるのです。
　前述した「子どもの読書サポーターズ会議」の報告書(『これからの学校図書館の活用の在り方等について（報告）』、2009年)は、「学校図書館の人的・物的体制の整備は、(略)設置者たる教育委員会において責任を持って進める必要がある」として、具体的に次のような措置を提言しています。

　　(1) 人的体制
　　　・各学校に専門的な人材による体制を確立する（司書教諭の発令促進、「学校司書」の配置、担当職員の常勤化など）

・指導主事など、教育委員会における学校図書館担当職員の体制など
　を強化する
　（2）物的体制
　　・学校図書館図書標準を達成し、多様な図書資料を充実させる
　　・情報化の推進など、学校図書館の施設整備を充実させる

そしてさらに、学校図書館への積極的支援として

　（1）地域における図書館資料の資源共有を促進する
　　・共通の検索システムの整備
　　・公立図書館による団体貸出・学校間の相互貸借の実施
　　・物流システムの構築とその機能強化など
　（2）学校図書館のスタッフ職員（司書教諭、担当教諭、「学校司書」な
　ど）の資質向上や、校長等管理職の理解増進を図る
　　・スタッフ職員のための研修会の開催、他校のスタッフ職員との交流
　の場の提供など
　　・学校図書館、読書活動等に関する研修の管理職研修への組入れなど
　（3）読書ボランティア等の養成・訓練を行う
　　・ボランティア団体への支援、研修会の開催など

　教育委員会は、学校（図書館）を設置する主体として、さらに学校図書館を活性化させる「人」の一員として、その任にあたってほしいと思います。そうしたことへの期待には大きいものがあります。

注

(1) 総務省「広域行政・市町村合併」(http://www.soumu.go.jp/kouiki/kouiki.htm)［アクセス2015年2月12日］
(2) 松村明／三省堂編修所編『大辞林 第3版』三省堂、2006年
(3) D・アーカート『図書館業務の基本原則』高山正也訳、勁草書房、1985年、3—4ページ
(4) 文部省編『学校図書館の手引』師範学校教科書、1948年、7ページ

(5)「学校図書館基準」は、全国学校図書館協議会『学校図書館50年史』編集委員会編『学校図書館50年史』全国学校図書館協議会、2004年、512―514ページに所収。
(6)松尾弥太郎「学校図書館法案解説」「学校図書館」1953年4・5月号、全国学校図書館協議会、8―15ページ
(7)全国学校図書館協議会事務局研究部「「学校図書館法」補説」「学校図書館」1953年9月号、全国学校図書館協議会、18ページ
(8)巻頭言「「学校図書館法」遂に成る！」、同誌7ページ
(9)「文部広報」第60号、文部省、1953年、2ページ
(10)前掲「「学校図書館法」補説」20ページ
(11)笠原良郎「学校図書館法改正と今後の学校図書館」「学校図書館」1997年7月号、全国学校図書館協議会、16ページ
(12)文部科学省児童生徒課『平成26年度「学校図書館の現状に関する調査」結果について（概要）』(http://www.mext.go.jp/a_menu/shotou/dokusho/link/__icsFiles/afieldfile/2015/06/02/1358454_01.pdf)［アクセス2015年6月6日］
(13)文部省『平成8年度 学校基本調査報告書』文部省、1996年、58、120、287ページから該当の統計を抜粋。
(14)日本図書館協会図書館調査事業委員会編『日本の図書館――統計と名簿2013』日本図書館協会、2014年、20ページ
(15)「消滅可能性都市」とは、出産の中心世代となる若年女性（20歳から39歳）が、2040年までに半減するため人口が急減し、社会保障の維持や雇用の確保が困難になるなど行政機能の維持が難しくなるとみられる自治体。民間研究機関（日本創成会議）の試算によると、そうした都市は全国1,800市区町村の49.8%にあたる896自治体にのぼるという。
(16)巻頭言「学校図書館審議会に期待する」「学校図書館」1954年11月号、全国学校図書館協議会、7ページ
(17)「特集 司書教諭講習規定を批判する」、同誌、31―58ページ
(18)今村秀夫「第1章 若々しい民主主義と学校図書館の誕生」、前掲『学校図書館50年史』27ページ
(19)学校図書館の充実等に関する調査研究協力者会議『司書教諭講習等の改善方策について（報告）』、1998年、4ページ。同報告は、前掲『学校図書館50年史』492―498ページに所収されている。
(20)前掲『司書教諭講習等の改善方策について（報告）』3ページ
(21)「我が国の高等教育の将来像（答申）」(http://www.mext.go.jp/b_menu/shingi/chukyo/chukyo0/toushin/05013101.htm)［アクセス2015年1月16日］

(22) 前掲『平成26年度「学校図書館の現状に関する調査」結果について』
(23) 同報告書。なお、文部科学省の統計では、学校司書は「学校図書館事務職員」となっている。
(24) 全国学校図書館協議会研究部・調査部「2014年度学校図書館調査報告」「学校図書館」2014年11月号、全国学校図書館協議会、50ページ
(25) 松尾弥太郎「学校司書法制化運動の展望──学校図書館の前進のために」「学校図書館」1960年1月号、全国学校図書館協議会、28ページ
(26) 前掲『学校図書館50年史』50ページ
(27) 林修三ほか編『法令用語辞典 第5次全訂新版』学陽書房、1976年、488―489ページ
(28) 平久江祐司（筑波大学教授）は、この点について、「"掌る"とは、その職務を包括的に掌握し、処理する権限を有すると解することができる。（略）"専ら従事する"とは、担当する職務に専念することを意味するにすぎない」と解説している。しかし「学校図書館の運営を真に向上・改善していくためには、こうした両者の職務上の関係をそれぞれの専門性に基づいた分担と協同の観点から捉え直すことが必要になる」と述べている（平久江祐司「司書教諭と学校司書の連携の在り方」「学校図書館」2014年8月号、全国学校図書館協議会、41―44ページ）。
(29) 「特集にあたって」、同誌13ページ
(30) 肥田美代子「これは始まりである」、同誌28ページ
(31) 渡邊重夫「新たな「ステージ」に立った学校図書館」、同誌38ページ
(32) 学校図書館担当職員の役割及びその資質の向上に関する調査研究協力者会議『これからの学校図書館担当職員に求められる役割・職務及びその資質能力の向上方策等について（報告）』(http://www.mext.go.jp/component/b_menu/shingi/toushin/__icsFiles/afieldfile/2014/04/01/1346119_2.pdf)〔アクセス2015年1月21日〕
(33) 『報告書』は、法改正前だったので「学校司書」の名称を用いずに、「学校図書館事務職員」としている。なお、子どもの読書サポーターズ会議『これからの学校図書館の活用の在り方等について（報告）』(2009年〔http://www.mext.go.jp/a_menu/shotou/dokusho/meeting/__icsFiles/afieldfile/2009/05/08/1236373_1.pdf〕〔アクセス2015年2月25日〕)には、学校司書（「　」なし、16ページ）、「学校司書」（「　」あり、18―19ページ）の両方の名称で登場している。また、文科省の「子どもの読書活動の推進に関する基本的な計画（第3次）」（2013年）では、「学校図書館担当職員（いわゆる学校司書）」（24ページ）と、「いわゆる」付きで学校司書の名称が

出ている。2002年の「第1次」計画では、「学校図書館担当事務職員」（13ページ）という記述だったので変化が見られた。教育行政でも、次第に学校司書という名称への移行が見られる。すでにその先駆は、学校図書館法改正の際（1997年）の参議院文教委員会の質疑のなかで、政府委員（辻村哲夫）は、議員の質問に対し「学校司書の配置状況」「学校司書の役割」「学校司書の職務」など、学校司書の名称を使用して議員の質問に答えている。

(34) 文部省編『学校図書館の管理と運用』東洋館出版社、1963年、28ページ
(35) 「第140回国会参議院文教委員会会議録第10号」（http://kokkai.ndl.go.jp/SENTAKU/sangiin/140/1170/14005081170010.pdf）〔アクセス2015年2月12日〕
(36) 「通知」は、全国学校図書館協議会編『学校図書館・司書教諭講習資料 第7版』（全国学校図書館協議会、2012年、16—18ページ）に所収。
(37) 全国学校図書館協議会のウェブサイト（「新任司書教諭の方へ」〔http://www.j-sla.or.jp/new_shishokyoyu/index.html〕〔アクセス2015年2月12日〕）には、司書教諭の任務として「規則・基準類の作成」が例示されている。しかし、「選定基準」「廃棄基準」を文章で作成していない学校も多々ある。そうした場合には、選書、廃棄の作業は、個々の資料について両職の話し合いでおこなうことが多いだろう。また基準があっても、その内容が抽象的な場合にも、両職による話し合いで決まることが多いと思われる。
(38) 最近の出版物にも、学校図書館問題研究会編『学校司書って、こんな仕事——学びと出会いをひろげる学校図書館』（かもがわ出版、2014年）があり、豊かで優れた実践の数々が掲載されている。
(39) 1997年の学校図書館法の改正直後に出版された、全国学校図書館協議会編『司書教諭の任務と職務』（全国学校図書館協議会、1997年、19ページ）のなかで、笠原良郎（全国学校図書館協議会事務局長：当時）は、司書教諭に求められる資質と要件について、①教員としての相当な経験をもち、学校の教育課程・学習指導・現代の教育課題について深い理解と関心をもつこと、②学校経営・学級経営に対して全体的な理解をもち、学校の諸活動に適切な協力と支援ができると同時に必要な指導性を発揮できること、など4項目をあげている。本章で論じている司書教諭の「属性」ともかかわる指摘である。
(40) 学校司書の基礎的資格は、これまで法的要件がなかったため、どのような資格を取得した人を学校司書として採用するかは、各自治体（学校）の任意に委ねられていた。そのため司書資格を取得していない人も学校司書として雇用されるケースが多く見られる。前述の『報告書』も、「学校図書館担当職員の中には、各地方公共団体の採用条件によっては学校教育一般や学校図書館の運営・管理に関する専門的な知識を持たずに当該職に就いている

者」もいると述べている（19ページ）。また、文科省のウェブサイトには、「司書教諭といわゆる「学校司書」に関する制度上の比較」が載っていて、学校司書の「資格（養成）」欄には、「制度上の資格の定めなし～各地方公共団体における採用時には、それぞれの実情に応じ、司書資格や司書教諭資格、教諭免許状、相当実務経験等の資格を求める等の資格要件を定めて」募集と記されている（http://www.mext.go.jp/a_menu/shotou/dokusho/meeting/08092920/1282905.htm）［アクセス2015年2月22日］。

(41) 学校図書館議員連盟等「改正学校図書館法Q&A――学校司書の法制化にあたって」学校図書館議員連盟等、2014年、6ページ
(42) 前掲「2014年度学校図書館調査報告」45ページ
(43) 「子どもの読書活動の推進に関する基本的な計画（第3次）」（http://www.mext.go.jp/b_menu/houdou/25/05/__icsFiles/afieldfile/2013/05/17/1335078_01.pdf）［アクセス2015年2月12日］
(44) 「SLの会」加納彰子「本と人をつなぐ学校図書館補助員として」（ある集会での発表文書、2014年）。他に同会発行の文献を参考にした。
(45) 前掲『平成26年度「学校図書館の現状に関する調査」結果について』
(46) 前掲『学校図書館の手引』83―84ページ
(47) 「学校図書館基準」は、前掲『学校図書館50年史』（514―517ページ）に所収。
(48) 「学び方の指導」をどのような方法（時間帯）で実施するかは、学校図書館担当者が思案するところである。その方法には、「特設方式」「融合方式」「個別方式」などがある。本書に記した「融合方式」とは、教科学習などの時間のなかで、教科の指導事項と関連づけて指導する方式である（渡辺重夫『学習指導と学校図書館 第3版』〔「メディア専門職養成シリーズ」3〕、学文社、2013年、119―121ページ）。
(49) 全国学校図書館協議会「新学校図書館学」編集委員会編『学校経営と学校図書館』（「新学校図書館学」第1巻）、全国学校図書館協議会、2006年、51ページ
(50) 前掲『これからの学校図書館の活用の在り方等について（報告）』

第2章　学校図書館法とは
── 「単独立法」に込められた意義と内容

1　学校図書館の誕生

1-1　戦前の学校図書館

「戦前にも学校図書館はあったのですか?」、大学の講義で、そうした質問をする学生がいます。教職課程で学ぶ教育史で、学校図書館史が取り上げられる機会はあまりありません。そして、学校図書館史に関する文献(図書)も一般的にはあまり目にすることがありません。

しかし、戦前の日本にも、部分的ですが学校図書館は存在していて、一部の学校では学校に付設された「学級図書館」「児童文庫」として活動していました[1]。特に大正期の自由主義的教育の時代には、師範学校の付属小学校や一部の私立学校などでは積極的に学校図書館に取り組んでいました[2]。

また、1918年には、鈴木三重吉(1882—1936)が主宰する童話童謡雑誌「赤い鳥」(赤い鳥社)も発刊されました。同誌は、「世俗的な下卑た子供の読みものを排除して、子供の純性を保全開発する」などを標榜語(モットー)に刊行され、芥川龍之介(「蜘蛛の糸」)、北原白秋(「からたちの花」)、有島武郎(「一房の葡萄」)などの作家が文芸色豊かな児童文学作品を発表し、多くの子どもに愛読されました。

しかし、戦時体制が進むとともに教育への規制が強化され、児童文化も統制の対象になっていきます。早くも昭和初期(1929年)の「図書館雑誌」には、公共図書館では、「児童図書選択上、将来最も注意を要することは、思想問題に関してなり」として、「国民精神に反せるもの、或は人生の暗黒面を暗示せるもの」などへの留意、指導が述べられていました[3]。

そして太平洋戦争が始まる1941年には、国民学校令が施行され、小学校

は国民学校となりました。その国民学校令施行規則には、教科書はもちろん「児童ニ使用セシムベキ郷土ニ関スル図書」は文部大臣の認可（第35条）を、「国民学校ニ於テ使用スル映画」は文部大臣の検定（第40条）を受けたものとすることが規定されていました。図書館でも学校教育でも、自由に本を読める状態ではなくなりました。学校図書館（児童図書館や児童文庫など）も、国家の統制下に入っていったのです。

1-2　学校図書館に関する法規——学校教育法施行規則

　敗戦（戦争の終結）は、すべての始まりでもありました。政治も経済も社会も、そして人々の生活も、混沌としたなかで始まりました。学校教育も始まりました。そのなかで、学校図書館もその活動を開始しました。しかも法的根拠を有しての始まりでした。

　学校図書館が、法的根拠をもって設置されることになったのは戦後のことです。戦後2年目（1947年）、学校教育法を受けて制定された学校教育法施行規則がその最初の根拠法です。その第1条では「学校には、その学校の目的を実現するために必要な校地、校舎、校具、運動場、図書館又は図書室、保健室その他の設備を設けなければならない」と規定しています。ここには、学校教育の目的を実現するために必要な設備として「図書館又は図書室」が具体的に例示されていて、この法規によって、学校図書館は学校教育での確かな一歩を築くことになりました。

　学校教育の目的や制度の基本を定めた学校教育法には、学校図書館に関する直接的な規定はありません。しかし、小学校で使用する教科用図書とその他の教材を規定した同法第34条（制定時は第21条）は、学校図書館との関連のもとで考えることができる条規です。

　現在、第34条第1項は次のようになっています。

　　　小学校においては、文部科学大臣の検定を経た教科用図書又は文部科学省が著作の名義を有する教科用図書を使用しなければならない。

　続いて同法第2項は、次のようになっています。

　　　前項の教科用図書以外の図書その他の教材で、有益適切なものは、こ

れを使用することができる。

　学校教育法には「教科書」という概念がないため、同法第1項にいう「教科用図書」とは教科書のことを指し、第2項にいう「教科用図書以外の図書その他の教材」とは、補助教材のことを指すと考えることができます。
　すなわち第2項は、学習活動の多様化に対応し、「有益適切なもの」であれば補助教材の使用を認めた規定です。戦前の教育が国定教科書という教材に限定された画一的教育観だったことを思うなら、教材の多様化を容認したこの規定の意義は大きいと思います。このような補助教材として列挙しうるものには、「副読本、解説書、学習帳、練習帳、日記帳、郷土地図、図表、掛図、年表、新聞、雑誌、紙芝居、スライド、映画、ビデオ、レコード、録音テープなど」が考えられます。
　そして、教育課程の展開を豊かにするには、こうした補助教材が日常的に学校に用意される必要があり、それらがどの教師にも利用できるためには、こうした資料が普段から組織的に収集・整理・保存される必要があります。それは当然、豊富な資料を有する整備された学校図書館の存在を前提にします。「図書館又は図書室」の設置を規定した学校教育法施行規則第1条の意義を、教材について定めた学校教育法第34条（旧条は第21条）、特に補助教材の自由使用を定めた同条第2項と結び付けて理解することは、学校図書館の意義を考えるうえでも重要なことだと思います。

1-3　『学校図書館の手引』に見る学校図書館観

　戦後教育は、戦前の国家主義的教育、国定教科書を軸とした国民意識の画一的形成といった教育との決別から始まりました。「新教育」と称された新しい教育思潮の登場です。そうした新しい教育の息吹のなかから、学校図書館も誕生しました。
　その学校図書館の出発期に、学校図書館関係者に学校図書館のありようを説き、その具体的展開方法を論じた書が文部省から刊行されました。『学校図書館の手引』（1948年）です。同書は戦後相次いで出された文部省編『手引書』の最初であり、占領軍の専門機関 CIE（民間情報教育局）の指導のもとに作成されました。そして、その編集・執筆には当時の教育行政、図書館界、教育界の最高スタッフがあたりました。

まず同書は「まえがき」で、新教育制度の確立と発展を目指している日本でその改革の達成を促進するためには、「学校図書館の問題はその最も重要なものの一つであ」り、「学校図書館は、新しい教育においては、きわめて重要な意義と役割とを持っている」という認識を示しています。さらに、「学校図書館は将来学校経営において重要な位置を占める」ので、この『学校図書館の手引』が、学校図書館担当者だけでなく、「教師の全部によって読まれ研究され、そして十分に活用されることを希望する」とも記されています。「文部省が新しい方向に向かって努力をしている(5)」、その先に学校図書館が位置づけられていたのです。

　同書の核心は、「新教育における学校図書館の意義と役割」を論じた部分です。その指摘は、今日でもなお重要であり新鮮さを感じます。全部で9項目が列挙されています。その9項目の概要は、次のとおりです(6)。
①学校図書館は、生徒の個性を伸張していくうえで役立つ。新教育は、個性の発展に重点を置いている。学校で、生徒の学習と思想とを一定の枠にはめこもうとすることは、個性の発達を促すものではない。
②学校図書館は、多くの方面や活動で生徒の興味を刺激し、豊かにする。
③学校図書館の利用によって、人間関係や、他の人々の社会的・文化的生活を観察させ、さらに批判的判断や理解の態度を養っていくことができる。
④学校図書館は、自由な活動の手段を与える。
⑤学校図書館は、専門的な研究への意欲を刺激する。
⑥学校図書館の蔵書は、生徒がもつ問題に対していろいろな考え方や答えを提供する。生徒たちにとって大切なことは、問題を理解するのに役立つ材料を学校図書館で見いだし、これを最も有効に使い、自分で解決を考え出していくことである。
⑦学校図書館は、生徒に望ましい社会的態度を身につけさせる機会を与えることで、共同生活の訓練の場所として役立つ。
⑧学校図書館を利用することで、生徒たちに、読書を終生の楽しみと考えさせるようにすることができる。
⑨学校図書館は、少ない図書を公共的に活用させ、現在を通して未来の文化的建設を助けることができる。

　ここには、学校図書館が、子どもの個性を伸ばし、子どもの興味に応え、

子どもの自由な活動を支え、専門的研究への道標を示し、生涯学習への基礎を培うなど、今日の学校図書館がもっている意義のほとんどすべてが網羅されています。特に、6番目に述べられた次の一節は、注目すべき意義だと思います。その全文を改めて紹介します。

> 学校図書館の蔵書は、生徒の持つ問題に対していろいろの考え方や答えを提供する。――かりに、教室の学習において、教師から一つの問題に対してただ一つの解決しか与えられないとするならば、生徒は自分自身でものごとを考えることを学ばないであろう。生徒たちにとってたいせつなことは、問題を理解するに役立つ材料を学校図書館で見いだし、これを最も有効に使い、自分で解決を考え出して行くことである。このようにして、かれらは、批判的にものを解決する態度を養うであろう。(7)

この指摘を受け、改めて戦前の国定教科書は、「教室の学習において、教師から一つの問題に対してただ一つの解決」だけを与えた教材だったということを思い知らされます。国定教科書のもとでは、教科書に書かれていることが唯一絶対的価値をもち、その絶対性を通じて、国家に忠良な小国民が育成されたのです。戦前の社会では、治安維持法をはじめとする言論弾圧法によって自由な情報の流れが切断されましたが、学校では国定教科書を通じて「ただ一つの解決」を与えることで、小国民の思考を停止させたのです。国定教科書から外れた情報の流通は禁じられていました。その意味で、国定教科書は治安立法の「学校教育版」でもありました。

『学校図書館の手引』では、学校図書館は「新しい教育の計画の中では、必要欠くべからざる重要な位置」(8)を占めていることが記されていました。その位置づけを、こうした戦前の教育の反省をもとに読み返してみると、その意義深さを改めて知る思いです。そして、戦後教育の所産としての学校図書館は、そうした教育の質的転換を支える学習環境として誕生しました。

1-4　「学校図書館基準」と全国SLAの結成

『学校図書館の手引』は、その後の学校図書館の発展に大きな影響を与えました。この手引書刊行の翌年（1949年）には、この手引書の伝達講習を兼ねて、東日本（千葉県）と西日本（奈良県）の2会場で文部省主催による学校図

書館講習協議会が各3日間にわたり開催されました。新学制（6・3制）は、すでに2年前（1947年4月）に始まっていて、この講習協議会にはその新しい小・中学校の教員はもちろん、図書館職員、教育委員会指導主事などが参加しました。

　戦後初めて開かれたこの伝達講習は、戦後の学校図書館の歩みのなかで画期的なものでした。この講習会に参加した人たちが、その後地元で開催された学校図書館の講習会で講師を務め、学校図書館運動の中核として活躍することになったのです。そのなかの一人に、北海道から参加した金田一昌三がいます。彼は、そのときのことを、後日次のように述べています。

　　全国学校図書館講習協議会という2泊3日の講習協議会で東日本の千葉県鴨川町に行った。主たる目的は23年に文部省が出した「学校図書館の手引」、日本では画期的な手引書だったのですが、それの講習です。（略）5つの点が強調された。第1は、学校図書館は、新教育の中では心臓である。第2は、学校長を中心に全教職員、全児童生徒の参加協力で運営されねばならない。（略）運営のシステムはオープンアクセスを絶対にやらないといけない。校長室の書棚に本を入れて鍵をかけ、それで学校図書館だなんていっているのは、ナンセンスで必ずオープンにしなければならないという問題。さらにもう1つはやはり読書指導のことで、初めて本に接する子供のうちから学校図書館を場にして読書指導に努力をしなければならない。これらが大きな点でしたが、私は目の鱗の取れたような非常な感動を覚えました。それから私はひとつの使命感を持ちました。[9]

　金田一は、そのとき北海道立図書館長の任にありました。講習を終えた金田一は、その年に札幌で開催された学校図書館ワークショップでプログラムをセットし、次第に学校図書館に深くかかわるようになっていきます。そして、「図書館に燃える人にならざるを得ない状態[10]」になっていったのです。

　この講習会に参加した人のなかには、（金田一のように）講習会を契機に学校図書館活動に熱心に取り組んだ人がたくさんいたと思います。その意味で、『学校図書館の手引』は、学校図書館運動を東京から全国各地へと広げていく文字どおりの「手引」となりました。

また同時期（1948年）に、文部大臣の諮問機関として「学校図書館協議会」が設置されました。文部大臣からの「学校図書館の充実活用を図る方策如何」との諮問に対し、同協議会は1年間の審議を経て翌年（1949年）に、文部大臣に「答申」を出しました。いわゆる「学校図書館基準」(11)です。
「基準」は、前述の学校教育法施行規則第1条が、学校には「学校の目的を実現するために」図書館（図書室）を置くと規定したのに対応して、その内容や運営方法についての「より所」を提供しようとしたものです。その「基準」には、4点の基本原則が述べられていますが、その1点目、2点目は次のとおりです。

　　（1）学校図書館は学校教育の目的にしたがい、児童生徒のあらゆる学習活動の中心となり、これに必要な資料を提供し、その自発的活動の場とならなければならない。
　　（2）学校図書館は学校長、全教職員、および全児童生徒の参加協力によって運営されなければならない。

　学校図書館は「児童生徒のあらゆる学習活動の中心」である、また学校図書館は学校長から児童・生徒まで学校の総力をあげて運営されるべきである。こうした指摘に、戦後教育が学校図書館にかけた大きな期待を改めて知る思いです。
　そして「基準」では、さらに図書・資料、建物・設備、経費、人の構成、運営の5項目に関する基準が示されました。具体的には、図書の総冊数は児童・生徒1人あたり最低2冊、専任司書教諭と事務助手の配置などが規定され、各学校は『学校図書館の手引』を参照して、3年後にはその基準に達するよう努力することも記されていました。そしてさらに、学校図書館の今後の課題として、8項目が「建議」され「建議書」は文部大臣に提出されました。ⓐ公立学校の図書費に対する国庫補助、ⓑ学校長、教職員・司書教諭に対する、学校図書館についての理解と技術の普及、ⓒ司書教諭の職制の確立と免許制度の設定、などです。いずれも学校図書館の充実を求めて出された「建議」で、これらの「建議」が後日の学校図書館法制定運動の課題にもなっていきます。
　そうしたなか、学校図書館運動も急速に高まりを見せました。先の伝達講

習を契機に、各県に学校図書館協議会の組織化が活発化しました。前述した金田一の札幌では、同1949年に、札幌市学校図書館協会（9月）、北海道学校図書館協会（10月）が、相次いで誕生しました。

　全国組織の結成も、先の講習協議会で大きな話題になりました。そして1950年には、学校図書館の全国組織として全国学校図書館協議会（全国SLA）が27都道府県、3,500校が参加して結成されました（2月27日）。先の講習協議会で、当時、東京都の小学校教諭だった松尾弥太郎（のちに全国学校図書館協議会の初代事務局長）が、仲間とともに、「全国組織を結成すべき」との提案をし、決議されて以来、わずか1年後のことです。

　結成「宣言」には、結成は「全国的なもりあがる力によって結成されたきわめて民主的な結合」のうえに立っていることがまず述べられ、次いで結成の理由が次のように述べられています。

　　われわれが全国学校図書館協議会を結成したのは、学校図書館が、民主的な思考と、自主的な意志と、高度な文化とを創造するため、教育活動において重要な役割と任務をもっていると思うからである。（略）われわれは、よく整備せられた豊かな図書資料を通じて、児童生徒の個性と良識が、かっぱつに、自由に、より深く育っていくものであると思っている。そして、学校図書館を通じて、強靭な知性と意志を育てようとしている。同時に、教育の革新を意図している。今日及び明日の教育において、重要な役割を果すべきことを信じている(12)（略）。

　学校図書館は「民主的な思考と、自主的な意志」の創造に重要な役割と任務をもっている、学校図書館を通じて「強靭な知性と意志を育て」るという決意、そして学校図書館が「教育の革新」と結び付いているという思いは、今日さらに大きな輝きを増しているように思います。

　さらに結成大会では、前述した「学校図書館基準」（1949年）の法制化、専任司書と専任事務助手の配置、司書教諭の養成などを含む要望書を採択し、文部大臣に提出しました。

　そして、結成7カ月後の9月には早くも機関誌「学校図書館」（月刊）を刊行して活発な活動を展開し始めました。その巻頭には、初代会長（久米井束）の次のような「決意」が載っています。

学校図書館の問題が、いま、戦後の教育に大きくとりあげられつつあることは、当然のことであつて、学校図書館のない学校というようなものは、およそ心臓のない人間に等しい。(略)学校図書館は、つねに教育の全体計画の中になければならない。各教科を通じて、児童生徒の経験と思考を育てていく、教育活動の中になければならない。そのために、豊かな資料を提供し、自発活動をかつぱつに起させていくためのものでなければならない。(13)

　学校図書館運動は、「組織」の力をもって大きな動きを始めました。学校図書館法の制定も射程に入り始めました。

2　学校図書館法の内容

2-1　学校図書館法の成立まで

　1950年に創立された全国 SLA が、創立当初に取り組んだ最大の課題は、学校図書館法の制定でした。

　全国 SLA は、創立2年後の52年の6月から12月までの間、ⓐ学校図書館費用を公費でまかなうこと、ⓑ専任司書教諭と専任事務職員を配置すること、ⓒ司書教諭制度を法制化すること、などを内容とした請願署名運動を展開しました。その熱意の結果、約92万5,000人の署名を獲得し、署名は翌53年に衆・参両院議長などに提出されました。法案はこの署名を背景に超党派の議員立法として上程され、53年に可決されて（衆議院7月21日、参議院7月29日）学校図書館法として成立し、8月8日に公布されました（成立までの経緯は第1章を参照）。

　まだテレビはなく、出版事情も情報通信手段も現在と比較して格段に劣っていたこの当時、92万5,000人もの署名を得たことは驚異的なことです。そして戦後の混乱期で郵便事情（鉄道事情）も悪いなか、その署名簿が全国津々浦々から全国 SLA に送付されたことも驚くべきことです。また「各地から国会へ送り込まれる山のような陳情の端書」(14)にも、同法制定に期待する全国の教師や保護者の熱意を知る思いです。そして、全国 SLA の事務局員、

国会議員、行政関係者などの尽力によって同法が成立しました。[15]

2-2　学校図書館法の内容

　成立した学校図書館法は、当初は3章15カ条と附則から成っていました。同法は、その後改正を重ね、現在は8カ条と附則から成っています（施行：2015年4月1日）。そこで次に、この学校図書館法の主要点について略述します。

　第1条は、学校図書館の目的を規定した条文で、本法中で最も重要な規定です。特に学校図書館を「学校教育において欠くことのできない基礎的な設備」と規定した点は重要です。あらゆる学校設備はそれなりの必要性や位置づけをもって設置されているにもかかわらず、学校図書館はなぜことさら「不可欠性」をもった設備として位置づけられたのか、その意味は単なる修辞語として軽んじられるべきではないでしょう。学校教育の充実・発展のためには「学校図書館こそは、きわめて重要なる設備」（学校図書館法の提案理由の一節）であり、さらには戦後教育を主導した「新教育の生命線」[16]としての学校図書館だという思いが、この条文には込められています。

　第2条は、学校図書館の「定義」に関する規定です。資料・機能・奉仕対象・目的などが規定されています。概要は以下のとおりです。
①第1は、学校図書館とは、小学校・中学校・高校の図書館を指す（特別支援学校を含む）としていて、幼稚園や大学の図書館は除外されている。
②第2は、図書館資料とは何かを定めている。図書、視覚聴覚教育資料、その他学校教育に必要な資料が例示されていて、図書に依拠していた旧来の資料観を脱却している。こうした資料観は、特に今日の情報化社会でのメディアの多様化という状況のなかでは重要である。
③第3は、こうした資料の収集から提供にいたる過程（収集、整理、保存、提供）が規定されている。この過程が図書館サービスと関連する過程である。
④第4は、学校図書館の奉仕対象を明確にしている。児童または生徒、教員がその対象である。
⑤第5は、学校図書館の目的に関する規定である。2つの点からその目的が明らかにされている。その1は「教育課程の展開に寄与する」ことであり、その2は「児童生徒の健全な教養を育成する」ことである。この目的規定も本法中の重要な規定である。この点については、第3章でさらに詳説する。

第3条は、学校図書館の設置を義務づけた規定です。国公・私立を問わずに学校図書館の設置を規定しています。この規定がなければ、学校図書館は全国津々浦々の学校に設置されなかったかもしれないし、地域によっては公共図書館で代替することも生じたかもしれません。そうしたことを思うと、きわめて重要な意味をもっている規定です。

　第4条は、学校図書館の運営に関する規定です。具体的には、次のような事項が列挙されています。いわゆる「図書館サービス」に関する事項です。
①図書館資料の収集・提供
②図書館資料の分類排列、目録の整備
③読書会、研究会、鑑賞会、映写会、資料展示会などの開催
④図書館資料の利用その他学校図書館の利用に関する指導
⑤他の学校図書館、図書館、博物館、公民館などとの連絡・協力
⑥さらに、一般公衆への利用

　第5条は、司書教諭に関する規定です。この規定も、校種、規模、国公・私立を問わずに司書教諭の配置を規定したもので、第3条の学校図書館の設置義務に対応した規定です。その内容は、
①学校には、学校図書館の専門的職務を掌るため、司書教諭をおかなければならない
②司書教諭は、司書教諭講習を修了した教諭（など）をもってあてる
③司書教諭の講習は、文部科学大臣の委嘱を受けた大学その他の教育機関がおこなう
④司書教諭講習に関して、履修すべき科目および単位その他必要事項は文部科学省令で定める
などです。

　第6条は、学校司書に関する規定です。2014年6月20日に参議院本会議で可決・成立し、27日に公布された規定です（2015年4月1日施行）。その主な内容は次のものです。
①学校には、司書教諭の他、専ら学校図書館の職務に従事する職員を置くよう努めなければならない。
②国および地方公共団体は、学校司書の資質の向上を図るため、研修の実施その他の必要な措置を講じるよう努めなければならない。

　長年にわたる学校図書館運動の成果としての「学校司書の法制化」です。

この点については、第1章で略述しました。

　第7条は、設置者の任務として、学校図書館の整備・充実に努めることを定めた規定です。学校図書館の設置者である国立学校法人（国立学校）、地方自治体（公立学校）、そして学校法人（私立学校）には、学校図書館の設置だけではなく、その整備・充実をも努力義務として課しています。その整備には、学校図書館資料の充実も「人」の配置なども含まれています。

　第8条は、国の任務として、学校図書館の整備・充実を図るための具体的事項を定めた規定です。概要は次のとおりです。
①学校図書館の整備と充実、司書教諭の養成に関する総合的計画の樹立。
②学校図書館の設置と運営に関して専門的・技術的な指導と勧告を与える。
③その他、学校図書館の整備・充実に必要な措置を講じる。

　附則第2項は、司書教諭の配置に関する特例を定めた規定です。司書教諭の配置を定めた第5条の規定にもかかわらず、政令で定める規模以下の学校（11学級以下）には、「当分の間」司書教諭を置かないことができると規定しています。この規定についても第1章で論じたところです。

2-3　学校図書館法の意義と課題

　学校図書館法の成立は、学校図書館の発展にとって大きな意義をもっていました。何よりも、学校図書館が「単独立法」として成立したことです。その経緯には紆余曲折がありましたが、その第1条に、学校図書館を「学校教育に欠くことができない」と位置づけたことは意義深いことです。あらゆる学校の設備は、「不可欠」性をもって設置されているにもかかわらず、法によって学校図書館の「不可欠」性が明確化されたことは重要なことです。そして、その学校図書館が全国各地の学校に設置されるようになったのも、法による規定があったからこそだと思います。そして、学校図書館法がなければ、子どもの読書環境や自発的学習形態は不十分だったでしょう。戦後の「新教育」の胎内から生まれた学校図書館を、法の担保をもって制度化した意義は大きいのです。

　しかし、多くの課題を残したままの成立でもありました。その課題は「人」の問題に集約されるものです。その第1は、司書教諭の問題です。同法第5条では、司書教諭の配置を規定しましたが、同法の附則第2項で、その司書教諭は「当分の間」その配置が猶予されました。しかも、その猶予期

間は「ほぼ10年」という長い期間が予定されていました。そのため、法成立の2年後(1955年)に開催された第6回全国学校図書館研究大会（徳島大会）では、早くも「学校図書館法附則第2項の即時撤廃」が決議されました。

この配置猶予（「11学級以下の学校を除き」）が「原則」撤廃されるのは1997年の法改正によってです。その間、司書教諭がいない学校図書館が長く続くことになったのです。

第2は、学校司書について何ら規定がなかったことです。そのため、法制定後、学校図書館の職務を専門に担うために「学校図書館担当職員」（「学校司書」）が生まれました。そのため、「学校司書の法制化」が学校図書館運動の大きな課題になったのです。この「学校司書法制化」の問題は、ようやく2014年の法改正によって一定の前進を見ることになりました。今後は、学校司書の配置促進、特に「専任」「正規」での配置が求められることになります。このことについても、すでに第1章で論じたところです。

注

(1) 明治期に教育における図書館の重要性を指摘した興味深い文献がある。1911年（明治44年）に発行された「図書館雑誌」第13号（日本図書館協会）に、「図書館と学校との関係」と題する演説（水戸市開催全国図書館員大会）が載っている。和田万吉の演説である。そのなかで和田は、学校教育と自修（自己教育）との関係の重要性を「読書」（書物）にあると論じ、特に小学校を例に、「既に教科書によって書物の貴ふべき事を知った児童は更に教科書以外の書物に欲望を持つものである。（略）教師の力で児童と良い書物との接触を始終保たせて行くには、其書物を最も自在に供給する所の機関が必要になる。是が即ち図書館である。此図書館（略）を学校と親密の関係に置くことは最も緊要である」として、その具体的方法を2例あげている。その1つは書物を図書館から借り受けて「各教場に備付け」ること、もう1つはときどき教師が生徒を引率して図書館に行き、「其室に備へてある書物を手にさせる」（17—22ページ）こと、と述べている。教科書以外の書物に触れることの重要性を説き、その場として図書館の活用を訴えている。筆者の和田万吉は、東京帝国大学図書館長、同大学教授を歴任した日本の図書館学の先駆者である。

(2) 滑川道夫『体験的児童文化史』（国土社、1993年）には、「全国的に師範系

の付属小学校や大正期の自由教育系の私立学校では学級文庫や児童図書館を設けていました」(239—240ページ)という記述がある。滑川自身も「成蹊に来てすぐ、(略)児童図書館経営をやりました」(239ページ)と同書で語っている。また、井野川潔「戦前の学校図書館・学級文庫(その1)」(「学校図書館」1962年2月号、全国学校図書館協議会、12—19ページ)には、大正・昭和の新教育運動と学校図書館の関連が詳細に論じられている。そのなかで、大正期の新教育を実践した学校を紹介し、児童・生徒に「自学自習・自主自律の学習態度」を育てていくための条件の一つとして、「学校図書館(または学校図書室)の構想が、必然的に浮かびでてくるでしょう」(15ページ)、「児童・生徒たちが自主・自律的な学習をすすめていくためのセンターとしての学校図書館というものを想定しないわけにはいきません」(16ページ)と論じている。「自学自習・自主自律学習」にとって学校図書館は必然だという考えは、今日の学校図書館を考える際に大きな示唆を与えてくれる。なお戦前の学校図書館史については、塩見昇『日本学校図書館史』(〔「図書館学大系」第5巻〕、全国学校図書館協議会、1986年)が詳しい。大正期の自由主義教育と学校図書館については、同書の「第2章 大正自由教育と学校図書館」に詳述されている。

(3) 渡邊徳太郎「児童閲覧の重要性」「図書館雑誌」第120号、日本図書館協会、1929年、286—287ページ

(4) 鈴木勲編著『逐条 学校教育法 第7次改訂版』学陽書房、2009年、302ページ

(5) 「まえがき」、前掲『学校図書館の手引』

(6) 同書3—5ページ

(7) 同書4ページ

(8) 同書3ページ

(9) 「北海道の学校図書館」50周年記念誌編集委員会編『北海道の学校図書館——北海道学校図書館協会創立50周年記念誌』北海道学校図書館協会、1999年、7—8ページ

(10) 同書8ページ

(11) 「学校図書館基準」は、前掲『学校図書館50年史』512—514ページに所収。

(12) 全国SLA創立時の結成「宣言」は、全国学校図書館協議会のウェブサイト(〔http://www.j-sla.or.jp/about/declaration.html〕〔アクセス2015年3月1日〕)に載っている。

(13) 久米井束「教育の全体計画と学校図書館」「学校図書館」1950年9月号、全国学校図書館協議会、9ページ

(14) 松尾弥太郎「「学校図書館法」が生まれるまで」、前掲「学校図書館」1953年9月号、22ページ
(15) 学校図書館法誕生までの経緯については、全国学校図書館協議会事務局長（当時）の任にあった松尾弥太郎の次の文献が詳しい。前掲「「学校図書館法」が生まれるまで」22—26ページ、「学校図書館法誕生の前後（1）」「学校図書館」1969年11月号、全国学校図書館協議会、「学校図書館法誕生の前後（2）」「学校図書館」1969年12月号、全国学校図書館協議会
(16) 松尾彌太郎「学校図書館運動の推移」、教育技術連盟編『学校図書館法による学校図書館の設備と運営』所収、小学館、1953年、30ページ
(17) 学校図書館法の成立を報じた前掲「文部広報」第60号には、「付則第2項で「当分の間置かないことができる」と規定された。そこで事務的には、ほぼ10年間で将来の学校増を見こんでこの講習を進める計画を研究中である」（2ページ）という解説がある。

第3章 学校図書館の役割を考える
―― 学校図書館法の「目的」規定をもとに

1 「教育課程の展開」に寄与する

1-1 学校図書館の固有性――「教育課程の展開」への寄与

　学校図書館は、学校教育のなかでどのような役割を担っているのか、その役割をどう認識するかは、それぞれの人の「学校図書館利用体験」によって一様ではありません。ある部分的体験をもとに、それが「学校図書館だ」と思う人はたくさんいます。「部分」が「全体」を反射的に映し出し、その反射現実が「事」の実態を物語っていることもあります。学校図書館の実相（部分）が、学校図書館の目的（全体）を見えにくくすることもあるのです。それだけに、改めて「学校図書館の役割は何だろう」と、学校図書館を全体像から理解することが大切だと思います。

　その全体像をどう理解するかは、容易なことではありません。しかし、学校図書館は法的位置づけをもった教育環境でもあるので、その法（学校図書館法）を根拠にこのテーマにアプローチします。

　学校図書館法のなかで、学校図書館の役割（存在意義）とかかわる重要な規定は、学校図書館の定義を規定した第2条です。ここには、学校図書館の「目的」が2点規定されています。「教育課程の展開に寄与する」と「児童生徒の健全な教養を育成する」がそれです。そこで、この「目的」規定をもとに、「学校図書館の役割」について論じます。

　まずは、「教育課程の展開に寄与する」という規定です。この規定は、学校図書館を他の図書館と分かつ大きな視点です。いわば、学校図書館の固有性、独自性を体現した規定ともいえます。たとえば、主として公立図書館の設置・運営を規定している図書館法では、その目的を、図書館資料を「一般

公衆」の利用に供して、「教養、調査研究、レクリエーション等に資する」と規定しています（第2条）。また国立国会図書館法では、国立国会図書館の目的を、図書館資料を収集して「国会議員の職務の遂行に資するとともに、行政及び司法の各部門に対し、更に日本国民に対し、この法律に規定する図書館奉仕を提供する」ことと規定しています（第2条）。

学校図書館法が、「教育課程」というきわめて具体的な課題への寄与をその目的に規定しているのは、学校図書館は「学校教育において欠くことのできない」（学校図書館法第1条）教育環境として位置づけられているからです。

その学校教育の目的は、学校教育法で、学校種ごとに子どもの「心身の発達に応じて」普通教育（高校はさらに専門教育も）を施すと規定されています（小学校は第29条、中学校は第45条、高校は第50条）。

各学校がこうした目的を達成するには、当然にも具体的な教育的営為を伴います。国語、算数（数学）などの各教科活動の展開はこうした教育的営為の中心をなしています。また特別活動は、集団活動を軸に育つ子どもにとって重要な教育的意義をもっています。そして、こうした種々の教育的営為が子どもの発達段階に応じて組織的かつ体系的におこなわれることで、学校教育の目的はより効果的に達成されることになります。そのため、学校教育では組織的で体系的な教育計画が必要です。その教育計画が、各学校が個別に編成した「教育課程」です。その意味で、教育課程は学校教育の中核であり学校教育の計画が体現化されたものです。その教育課程の実践過程が、日々の教育的内実を形成しているのです。

ですから、「教育課程の展開に寄与する」学校図書館はこうした教育課程の展開と密接不可分的関係に立ちながら、各学校の教育目的の実現に資する役割をもっているのです。それだけに、この規定の意義を理解することは学校図書館の役割を理解する大きな手がかりになります。

1-2　教育課程の編成

「教育課程」とは、英語のカリキュラム（curriculum）の訳語です。もともとの意味は競馬場の競走路（race、course）を意味していて、これがのちに教育上の用語に転用されて、学習の道筋、学習の課程（course）を意味するようになりました。

こうした語源をもつ教育課程という用語が、法令上で日本に登場するのは

1950年以降のことです。戦前には、教科課程（小学校）、学科課程（中等学校）という用語が使われていて、戦後もしばらくの間は、教科課程という用語が使用されていました。それが、50年に学校教育法施行規則が改正され、教育課程という用語に変更されました。また、学校教育法でも長い間「教科」という用語が使われていましたが、2007年の法改正によって「教育課程」という用語に変更されました。

　その定義は一様ではありません。「教育目標に即して児童生徒の学習を指導するために、学校が文化遺産の中から選択して計画的・組織的に編成して課する教育内容の全体計画」とか、「目標と内容を、児童・生徒の発達に応じて、学校および地域の実態を生かして、授業時数との関連において組織し、教材を選択し、学習活動と評価方法を編成して、何のために、何を、いつ、どこで、いかにして教授し、学習するかを、総合的に、体系的に示した学校の教育計画である」などと解説されています。

　その教育課程に関する基本的枠組みは、まずは教育法規に規定されています。その基本は学校教育法です。同法は、「小学校の教育課程に関する事項は、(略) 文部科学大臣が定める」ことと規定しています（第33条。中学校は第48条、高校は第52条）。この規定を受けて、学校教育法施行規則は、校種ごとの教育課程の編成について定めています。小学校の場合は、各教科、道徳、外国語活動、総合的な学習の時間、特別活動の5領域（第50条）、中学校は各教科、道徳、総合的な学習の時間、特別活動の4領域（第72条）、高校は各教科、総合的な学習の時間、特別活動の3領域（第83条）がそれです。さらに同施行規則は、教育課程は「文部科学大臣が別に公示する小学校学習指導要領によるものとする」（第52条。中学校は第74条、高校は第84条）と規定しています。すなわち、教育課程の大枠は、学校教育法と同法施行規則に定められ、その基準が学習指導要領によって具体化されています。

　各学校は、そのうえに立ち、学校ごとの個別の教育課程を編成します。編成の主体は学校ですが、学校教育法で「校長は、校務をつかさどり、所属職員を監督する」（第37条第4項）と規定されていることから、学校の長たる校長が責任者となり、全教職員の協力のもとに編成されることになります。

　その編成に際しては、おおよそ次のような事項が検討されることになります。ⓐ家庭と地域の実態の把握（地理的・社会的・文化的な生活条件、教育に対する関心や期待など）、ⓑ児童・生徒の心身の発達段階などの把握（学力、

運動能力、興味・関心など)、ⓒ学校の実態(学校規模、児童・生徒数、教職員の構成、施設設備の状況、教具の整備状況など)、ⓓ編成に対する学校の教育方針の明確化(学校の教育目標、学校経営方針など)、ⓔ教科の科目の検討、授業時間数の配当、ⓕ指導目標、指導内容、指導の順序、指導方法の検討、ⓖ教材と評価方法の検討、などです。

この際、特に「児童・生徒の発達に応じて、学校および地域の実態を生か」した編成が重要です。学習指導要領も「総則」の冒頭で、教育課程の編成に際して「地域や学校の実態及び児童(生徒)の心身の発達の段階や特性を十分考慮」すべきことを述べています(教育課程編成の一般方針)。さらに、学習指導要領の「解説」(総則編)では、「地域」への考慮について次のように具体的に述べています。

> 地域には、都市、農村、山村、漁村など生活条件や環境の違いがあり、産業、経済、文化等にそれぞれ特色をもっている。このような学校を取り巻く地域社会の実情を十分考慮して教育課程を編成することが大切である。とりわけ、学校の教育目標や指導内容の選択に当たっては、地域の実態を考慮することが大切である。

こうした方針を考慮すればするほど、教育課程は各学校独自のオリジナリティーを有したものになると思います。公教育としての学校教育が、教育の機会均等の確保のために必要かつ合理的な基準として学習指導要領にその内容が示されるのは当然ですが、「わかる授業」、あるいは「自ら考える力」や「生きる力」の育成は、何よりも個別の学校で地域や子どもの実態をもとに検討された教育課程の編成を通して実現されるのです。

1-3　教育課程の「展開に寄与」する

①「学校図書館活動の総体」を通した寄与

学校図書館は、こうした意味で教育課程と深くかかわることになります。その際まずは、教育課程の編成自体に学校図書館がかかわることが大切です。

学校図書館は、「教員」をも利用対象としています。その教員集団が、学校の中核的作業としての教育課程の編成作業に携わるとき、学校図書館は資料の提供などによってその編成に参画することが可能になります。教育法規

や学習指導要領、教育課程に関する文献、地域情報などの資料の提供が考えられます。そのためには、日常的に自校の教育状況、教育行政、地域の動向などに目配りし、当該資料を収集して整理・保存しておくことが大切です。また、学校図書館の利用状況は教育課程の編成に際しての有力な資料です。さらに、利用指導をどのように実施するかも、編成とかかわる事柄です。

　編成された教育課程の実施は、校務組織全体をあげておこなわれることになります。各教科組織はもちろん、学年組織、校務分掌、さらには事務部門も含めて実施されることになります。そのなかに、学校図書館も「教育課程の展開への寄与」という形を通して参画します。この「展開に寄与」することの意味をどう解するかは、学校図書館のありようと深くかかわることなので、次にその点について検討を加えます。

　教育課程はそれ自体としてはプランです。そのためこうしたプランが、どれほど教育課程の本筋に合致したものとして編成されても、それが日々の教育のなかに取り込まれ、日常の教育的営為として実践されなければ意味をもちません。いわば教育課程は実践されてこそはじめて意味をもつのです。教育課程の展開とは、こうした教育的営為の日常的な実践過程のことをいうのです。

　こうした展開（実践的教育過程）は、一人ひとりの教師の日常的な教授過程、あるいは学校総体としてのトータルな教育過程のなかにあります。国語の授業や体育の授業が、学校祭や修学旅行の実施が、あるいは児童会（生徒会）活動の指導が、展開の具体的内実を形成しています。こうした個々の日常的教育営為が「教育課程の展開」なのです。そして、学校図書館が「教育課程の展開に寄与」するとは、こうした教育的営為が効果的に実践されるためにおこなわれる学校図書館活動の総体のことをいうのです。

　「学校図書館活動の総体」とは、資料の収集から始まり、整理・保存して利用に供する一連の過程そのものです。その一連の過程のなかで、子どもの学習活動を支え、教師の教授活動を支援する、すなわち「教育課程の展開に寄与」するのです。

②資料収集を通した寄与

　その例として、資料の収集をあげたいと思います。資料の収集は、図書館の出発点です。その出発のときに、教育課程の展開に寄与しうる収集をする

ことは大切なことです。そのために学校図書館担当者は、自校の教育課程の内容を把握し、収集するメディアの相違にも配慮し、さらには自校の学校図書館の経済的制約（図書館予算）や施設的制約（収蔵能力）にも注意を払う必要があります。

　特に、何学年にどの教科でどのような学習が展開されるかは、教育課程の展開とかかわって図書館資料の収集の際に考慮すべき重要な事項です。たとえば、小学校3学年の理科では、「生命・地球」という単元のなかで「昆虫と植物」を学習します。そして学習指導要領では、その目標に「生物を愛護する態度を育てるとともに、生物の成長のきまりや体のつくり（略）についての見方や考え方を養う」ことが掲げられています。ですから学習では、「身近な昆虫や植物を探したり育てたり」する営みも含めて学びを進めていくことになります。そのとき、学校図書館としては、昆虫や植物に関する図鑑や事典、写真集、絵本、読み物などを収集することによって学習を支援し、子どもの興味・関心に応えることが必要です。その学校図書館資料が子どもの「昆虫や植物」への学びを豊かにしていく、すなわち「教育課程の展開」に寄与するのです。

　また収集した資料が自校の教育課程の展開に合致したものかどうかは、その資料の利用のされ方、利用頻度などと深くかかわっています。そのため、資料の収集にあたっては、資料の利用状況（提供状況）を詳細に知ることも大切です。どの資料がどの教科（教育課程）との関連で利用されているかを把握することは、資料収集にとって大切なことです。

　また資料（図書）収集という営みは、膨大な出版物のなかから求める資料を一点一点選び出すことなので、出版されている資料（図書）の書誌的情報を知る必要があります。また、学校図書館の基本的図書群として収集すべき資料は何なのかを知る必要もあります。そうした情報を参考にしながら、資料の収集を図っていきます。そのことが、教育課程の展開を支えることに結び付くのです。

　あるいは、教師（学校）がどのような学習を構想し、どのような力を子どもに身につけさせようとしているのか、それは、学習内容にとどまらず学習方法とも結び付き、教育課程の展開と深く関連しています。疑問や課題を発見し、それを自ら調べ、学びを発展させていく学習方法は、今日の教育で強く求められている学習方法です。そうした学習方法が効果を発揮するには、

各教師（学校）の学習の目的に沿い、さらに当該の子どもの理解や発達段階を勘案した学校図書館資料が不可欠です。そして、学びのプロセスや方法によって学習の「道具」としての図書館資料は異なります。そうした相違に対応した資料の収集もまた、教育課程の展開に寄与する学校図書館としては留意しておかなければならないことです。

③資料提供を通した寄与──配架とかかわって

　学校図書館資料の提供とかかわり、「配架」についても述べたいと思います。収集された資料は、受け入れ、組織化（請求記号の決定など）、装備（押印、図書ラベルの貼付など）などの作業を経たあと配架されます。
　この配架は基本的には請求記号の順、すなわち分類記号、図書記号、巻冊記号の順におこなわれます。しかし、資料の適切な提供を考慮して「別置」することがあります。この別置を適宜おこなうことは、学校図書館資料が生きて子どもの手に渡ることと深い関連があります。すなわち、資料提供と深くかかわっています。
　別置の代表は判型によるものですが、さらに参考図書の別置もよく見られる事例です。こうした別置は、「恒常的」な別置です。しかし教育課程の展開に応じた「臨時的」な別置をすることによって図書館資料が子どもの手に届きやすくなることもあります。
　たとえば、ある教科で（社会科が多いと思いますが）「環境問題」を単元とした授業をするとします。その際、教科担任（あるいは学級担任）と事前の打ち合わせをして、環境問題に関する資料を一斉に学校図書館に展示をする場合を考えてみます。すなわち、単元（学年、教科）に合わせた「臨時的」な別置です。どの書架からどんな資料がピックアップされて並ぶでしょうか。
　大学の講義（司書教諭課程）で、学生に「みなさん、どうですか？　どんな資料をどの書架から選び出してきますか？」と質問すると、さまざまな回答が返ってきます。「経済と関係があるので経済」「環境汚染の歴史も知りたいので歴史」「企業活動のなかで生じるので産業」「汚染の場所も正確に知りたいので地理」……。さらに「百科事典や専門事典で調べることもできる」「環境汚染をテーマにした小説もある」。結局は、日本十進分類法でいうと、すべての分類記号の書架に関連資料が配架されていることがわかります。学生は、その「広さ」に改めて驚きます。

こうした場合には、資料の組織化の技法と自館資料に熟知した知識と経験が必要とされます。書名からだけで資料を選ぶのではなく、目次や本文にも目を通して一冊一冊を選び出すことになります。その結果、書名だけでは見落とされがちな資料の利用価値が一躍高まります。これまで「日の目」を見なかった資料が顕在化することもあるのです。また書架の最下段に配架されていた資料が、選び出されて輝いてくることもあるのです。「自分の図書館には資料がない」と思い込み、子どもや教師の資料要求にも及び腰だった姿勢が、別置の作業を通して自館の資料を改めて知ることになり、積極的な資料提供へつながる契機にもなります。すなわち、「教育課程の展開」に寄与することができるようになるのです。

④「利用指導」を通した寄与
「教育課程の展開への寄与」とかかわって、利用指導の件についても説明します。
　子どもは、図書館に来て求める資料（本）があるかどうか、書架を行ったり来たりしながら探します。あるいは、「何か面白い本がないかな」と館内をブラブラします。その資料にアクセスできればいいのですが、ときにはアクセスできないこともあります。
　その際、カウンターに来て、「先生！　○○の本はこの図書館にある？」（所蔵調査）、「△△について調べたいけれど、どんな本がいい？」（文献調査）、「□□のことを調べたいけれどわからない。どういうことかを知りたい」（事実調査）などの質問が寄せられることがあります。そうした場合にその質問に積極的に応えることが、図書館に対する親近感や信頼感を培うためにも大事なことです。
　なぜなら、特に学習に必要な資料を図書館で見つけ出すことは、それほど簡単なことではないからです。子どもは分類の技法を熟知していないし、どの書架にどんな資料が配架されているかもあまりわかりません。何よりも、その学習課題が図書館の分類技法のなかでどの分野に属するかは、常に明確であるとはかぎりません。
　また、ある「事柄」「言葉」などを調べる場合に、参考図書（レファレンスブック）を使用することが多くなりますが、その利用はそれほど容易ではありません。利用方法の技法が身についていないと、「そんなことは調べられ

ない」となってしまいます。高校時代に「調べ学習」を経験した学生が、先生から「図書館に行って調べなさい」と言われた体験を語ったことがあります。「ただ、図書館をウロウロしていた」と述べていました。事前に図書館利用（資料検索）についての指導やアドバイスがなかったのです。検索には、一定の技法が必要です。そうした技法を指導することは、子どもが求める資料にアクセスできる要件です。

　その技法の指導は、図書館では長い間、「利用指導」と称されてきましたが、今日では「学び方を学ぶ」指導として理解されるようになっています。「学び方を学ぶ」ことは、「自ら学ぶ力」の獲得にも直結します。それだけに、「学び方を学ぶ」指導は、「教育課程の展開」への大きな「寄与」につながるのです。このことは、本書の第6章第2節で詳述します。

1-4 「教材」としての図書館資料

①情報の伝達と教材

　学校図書館が「教育課程の展開に寄与」する側面に、図書館資料を「教材」「学習材」と位置づけ、教師や子どもの利用に供することがあります。そこで次に、この点について述べます。まずは、「教材」(6)としての図書館資料です。

　教育とは、人類が生み出した知的文化財の選択的伝達とそれをもとにした新たな文化の創造です。他面、それを情報という側面から見るなら、教育は一方では教授者の情報が被教授者に伝達され（いわば、もろもろの文化財のなかから個別の文化財を選び出し、それに教育的価値を付与して後世に伝えていく）、他方でその伝達された情報（文化財）が刺激になり、被教授者のなかに新たな情報が生み出されるという、情報の伝達と情報の再生産の過程でもあります。そのため、伝達される情報の質と量、あるいは伝達のされ方が、子どもの成長・発達に大きな影響を与えることになります。

　こうしたことを、日々の学校教育に引き付けて考えてみると、日々の学習で教授者から子どもに伝達される情報は「教材」という形をとって現れます。その教材のなかでも、主たる教材が教科書です。学校教育法第34条は、「教科用図書」（第1項）、「有益適切なもの」（第2項）の使用を規定しています。「教科用図書」とは教科書のことを指し、「有益適切なもの」とは、いわゆる補助教材を指しています。

学習活動の多様化に対応して「有益適切なもの」であれば、教科書以外の多様な教材を使用することを認めた第2項の規定は、同法が戦前の単一的教材観（国定教科書など）を脱し、多様な教材の存在を容認した規定でもあります。それは同時に、図書館資料が教材へと転化しうることをも内包しているのです。

②「教材」としての学校図書館資料

　その教科書は、人類が生み出した知的遺産（文化財）のなかから精選された内容（文化財）を一定の順序に従って配列したものです。しかも、子どもの発達段階を考慮して「学年」に区分けし、さらにその内容に応じて「教科」ごとに区分けした文化財です。

　しかし教科書は、ⓐ「基礎・基本」を伝達・教授する際の媒介としての特性、ⓑ多数の子どもたちの学習を同時に展開するために集約化された一種のマニュアル、ⓒあるいは教科書の内容を規定する学習指導要領の性格、などと相まって、その内容の画一化は避けられません。

　そのため、教科書への依拠度が強い授業は、定量的知識の伝達になりやすいのです。それだけに、豊かな学習を展開するには、ⓐ教科書の画一性を補うための多様な教材、ⓑ教科書では理解しえない事項を補足するための教材、ⓒ教科書の内容をより発展させるための教材、など多様で豊富な教材が必要になります。学校教育法第34条第2項にいう「有益適切なもの」（補助教材）は、そうした教科書がもつ「限界性」を補う役割を担っています。

　多様な教材、しかも子ども個々人の発達段階に対応し、かつ子ども個々人の疑問や興味に適切に対応した教材が豊富に用意されることは、子どもの学びを保障するためにはきわめて大切なことです。それだけに教材は、教科書、補助教材だけにとどまるものではありません。教材として使用される情報は、多数用意される必要があります。

　その点、学校図書館には紙媒体としての「本」（資料）が多数所蔵されています。そして、その「本」は、教材となりうる可能性を秘めた重要な素材です。しかし、こうした素材（学校図書館資料）は、それ自体がそのまま教材になるわけではありません。素材を手直しして、学習に役立つように作り直すことが必要です。すなわち、素材が教材になるには、その素材が教育の目標や内容に即して教授者によって選択される、あるいは授業に利用しやす

いように加工されることが必要です。いわば、素材は、教授過程への「選択」「加工」というプロセスを経て教材へと転化するのです。

　このことを少し例にとりましょう。たとえば、国語科で、ある文学作品の理解を助けるために図書館に所蔵されている資料を利用するとします。その際、図書館にある文学作品がそのまま教材になるわけではありません。その作品を、ⓐときには全部、ときにはその一部、あるいは作品価値を損なわないよう要約するなどして授業のなかで取り上げる、ⓑあるいは、(著作権へ配慮しながら)作品の一部分を複写して子どもに配付する、ⓒあるいは、(著作権へ配慮しながら)子どもが理解しやすいように、漢字をひら仮名に直したり、ふり仮名をつけたりする、こうした「選択」「加工」を経ることによって、ある文学作品（素材）は教材へと転化します。

　そのため、図書館資料（素材）が教材に転化するには、教材研究というプロセスが必要です。素材を教材として使用するか否か（選択）、素材にどの程度の変化を加えるのか（加工）、そうしたことの研究が必要です。そうしたプロセスを経て、素材は教材になるのです。

　その意味で学校図書館資料は、教育目標や教育内容、さらには教授・学習過程の展開次第で、恒常的に教材へと転化する可能性をもった文化的素材です。一冊の図鑑が、一冊の物語が、一冊の絵本が、それぞれ学習に適合したものとして選択・加工されるなら、学校図書館資料は優れた教材になります。また学校図書館資料は、学年の境界を超え、教科の内容を広げながら他教科との横断的内容をも含んだ素材（教材）です。その意味からも、教科書を補足し、ときには深化させ、拡大させることができる複合的意義をもった素材（教材）なのです。

　学校図書館は、こうした意味での素材（教材）が最も適切な形で用意されている場です。そもそも図書館（学校図書館）は、人類の知的文化財の宝庫であり、記録された知識や情報の社会的制御機関です。そのためその宝庫には、教授の対象になる文化的素材（教材）が多数所蔵されているのです。

　それだけに、学校図書館資料の不備は、同時に教材の不備として子どもの成長・発達の疎外要因になります。「学校教育の中で大きな位置を占める教材というものの本質的な在り方について真剣な配慮が払われる時、当然その教育自体の中に学校図書館が有機的に組み込まれてくる[7]」のです。

　学校図書館資料を教材として利用することは、子どもに対しては、一つの

学びにも多様な資料が必要だということを実感させます。またその教材を通して子どもの学校図書館への親近感をも育てることになります。またそのことは、教授者（教科担当者）の学校図書館利用をも促すことになり、学校図書館を深く理解することにもつながります。

1-5 「学習材」としての図書館資料

①学習の出発としての疑問や興味

　学校図書館が「教育課程の展開に寄与」する第2の側面は、図書館資料を「学習材」として捉え、その学習材を子どもの利用に供することです。

　日常の学校教育は、各学校で編成された教育課程を軸に展開されます。しかし、教育課程の展開は、限定された時間と空間により成立している「授業（教科活動）」や「教科外活動（特別教育活動など）」によって完結するわけではありません。そもそもそうした活動の背後には、授業を根底から支え、発展させる要素である子ども一人ひとりの疑問や興味が横たわっています。授業はそうした疑問や興味に一つひとつはたらきかけてそれを大きくし、その解決や発展を図ることによって、より強い生彩を放つようになるのです。

　あるいはまた、子どもの疑問や興味は、授業との結び付きにとどまるものではないでしょう。「子どもはなぜ、「なぜ？」って言うの？」と、大人が不思議に思うほど、子どもは「なぜ？の王様」です。教科活動はもちろん、校内（外）の生活のなかで、自然のなかで、社会のなかで、疑問や興味と結び付いた子どもの「なぜ？」は尽きません。子どもの知的世界、感性の世界は、既存の学校教育の範疇を超えて広がり、また生活経験の拡大のなかで、その度合いも増していきます。

　そしてまた、子どもの疑問や興味はこうした世界に閉じこもることなく、「遊び」の世界にも広がっていきます。疑問や興味がベースになって遊びが創られていくのです。子どもは遊びの天才であり、偉大な趣味人です。自分の背丈に合わせて自分の世界を発見し、創造し、たった一つの個性を培っていく、そうした遊びが再び授業を深部で支えていくのです。

　考えるに、子どもの成長・発達とは、自己と自己を取り巻く客観的世界を識る「力」の獲得の過程であり、そうした世界（対象）に対して能動的・積極的にはたらきかけることによって、自己自身を形成していく「力」の獲得の過程でもあります。そのため、この過程に登場する子どもの疑問や興味は、

こうした「力」の獲得の正当な道筋であり、子どもの思想形成や人格形成の豊かな土壌でもあるのです。

②疑問や興味の解決、発展の場としての学校図書館
　こうした考察を前提にしたとき、疑問や興味を媒介とした学習の道筋と学校図書館とは不可分の関係に立つと思います。
　好奇心と探究心が深まれば深まるほど、疑問や興味の量は拡大し質は進化します。それだけに、疑問や興味を契機として、その解決や再発見にいたる道程のなかには、数多くの学習材が存在します。それは、活字（印刷）媒体にとどまらず、映像や音声媒体、そして自己の目で見た自然や社会があります。そうした学習材のなかでも学校図書館が有する諸資料は、最も有力な学習材です。そうした媒体を日常的に利用することによって、科学する心、人間と社会を凝視する目、生活の知恵などを育て、豊かにしていくことができるのです。子どもがそうした「力」を獲得することは、学校教育に課せられた大きな責務であり、学校図書館の大きな役割でもあります。
　そのためには、学校図書館に多様な学習材がなければなりません。そして、それらの学習材は、何よりも個別の子どもの発達状況を考慮したものでなければなりません。年齢による発達差だけを見ても、小学校は6年、中学校・高校では3年（4年）の差がありますが、その差は何よりも子どもの発達差として現れます。また同一学年だからといって同一の発達をしているわけではなく、個体としてさまざまな発達差があります。こうした「差」に対応した多様な学習材が必要なのです。
　小学校図書館には、必ずといっていいほど国語辞典が置かれています。しかし、その国語辞典はどの学年の子どもが理解できるレベルなのかが問われなければなりません。高学年の子どもしか理解できない辞典は、中学年の子どもにとっては所蔵されていないと同じことなのです。[8]
　また日々の学習では、個々の子どもの理解度に大きな相違が生じます。理解度が高い子ども、理解が不十分な子ども、と幾層もの段階が生じやすいのです。そのため理解度が高い子どもは、「もっと知りたい」「その次を知りたい」と、よりいっそう深めた学習を欲するようになります。他方、理解度が低い子どもは、「わかるようになりたい」と思いながらも、しばしば「こんなことはわからない」「わからなくてもいい」という意識を生み、それが学

習からの逃避といっそうの学習困難を生み出しかねません。そのため、それぞれの子どもに対して適切な対応が必要です。

　理解度が高い子どもには、興味・関心を、ⓐより深める（対象の深化）、ⓑより広げる（対象の拡大）という双方の対応が必要です。また理解度が低い子どもには、教授方法の転換が何より必要であり、そのうえに立って理解を助ける多様な学習材の提供が求められます。子ども自ら入手した学習材か、教授者から提供された学習材かという相違はあっても、多様な学習材に触れることによって学習をより深め、わかることの楽しさを知ることが可能になります。

　特に今日の教育では、「知識を一方的に教え込むことになりがちであった教育から、子供たちが、自ら学び、自ら考える教育への転換」（中央教育審議会「21世紀を展望した我が国の教育の在り方について（第1次答申）」、1996年）が求められています。2002年度から開始された「総合的な学習の時間」は、総合的・横断的かつ個別的であり、画一化された教材も学習材も用意されず、定形化された教授形態も学習形態もありません。すべて、地域や学校、子どもの実態に応じた創意工夫によっておこなわれる学習、いわば個別的で自立的な学習です。それは同時に、「学ぶ力」「生きる力」の育成という今日的課題に対応した学習領域でもあります。それだけにこの学習の展開は、こうした学習を可能とする多様で豊富な学習材の存在を前提としています。その点からも、今日の学校図書館は新たな教育を支える基軸としての役割を担っていると思います。

2　「児童生徒の健全な教養を育成する」

2-1　「児童生徒の健全な教養を育成する」の意義

　学校図書館法の「目的」規定の第2は、「児童生徒の健全な教養を育成する」ことです。そこで、次にこの規定について論じたいと思います。

　この規定の意義については、学校図書館法案が国会に提出されたとき（1953年）の「提案理由」(9)が参考になります。提案理由では、学校図書館の設置に伴い、「学習指導の能率が高まり、自発的学習態度が養成せられ、以て個性の伸張と教養の向上に資すること、きわめて、顕著なるものがありま

す」とその意義を述べ、引き続き、学校図書館の機能について次のように述べています。

> 学校図書館の資料を活用して読書指導の徹底が達せられ、又図書館利用を通じて、社会的民主的な生活態度を経験させる等実に学校教育において欠くことのできない基礎的な設備であります。

この提案理由には、学校図書館資料の活用を通じた「読書指導」の重要性が論じられています。また提案理由は、その冒頭で、学校教育の充実と発達のためには、「学校図書館こそは、きわめて必要なる設備」であるとも述べています。そのこととあわせて考えるなら、この提案理由は、「児童生徒の健全な教養を育成する」には「読書」が重要であり、学校図書館をその読書と密接不可分の教育環境として位置づけたものと考えることができます。

2-2 読書と教養──「教養」概念を考える

①「教養」の意義

そこで次に、「読書」のことを若干論じたいと思います。多くの人は、「読書」という言葉から、「読」の対象としての「書」にどのようなイメージをもつのでしょう。ユニークな解釈で知られる『新明解国語辞典』(第6版、三省堂)には、「読書」という言葉の意味が、次のように記されています。

> 〔研究調査や受験勉強の時などと違って〕一時(イットキ)現実の世界を離れ、精神を未知の世界に遊ばせたり人生観を確固不動のものたらしめたりするために、(時間の束縛を受けること無く)本を読むこと。〔寝ころがって漫画本を見たり電車の中で週刊誌を読んだりすることは、勝義の読書には含まれない〕[10]

「勝義」とは、「その言葉の持つ、本質的な意味・用法」(『新明解国語辞典』〔第6版〕)という意味です。この定義から推測できる「読」の対象としての「書」には、「本質的」には、研究調査関係文献、受験勉強の参考書など、漫画本、週刊誌などは含まれないことになりそうです。『広辞苑』(第6版、岩波書店)では「読書」の意味は、「書物を読むこと」[11]となっていて、特に

「書」の対象を限定していません。「舟を編む」⁽¹²⁾ことは、容易ではないようです。

「読書」対象としての「書」を、「現実の世界を離れ、精神を未知の世界に遊ばせたり人生観を確固不動のもの」とすると捉えると、その対象は限定的になりそうです。そしてその定義は、学校図書館法にいう「教養」という言葉を連想させます。

前述のように、学校図書館法にはその目的と関連して、「児童生徒の健全な教養を育成する」（第2条）という規定があります。その「教養」という概念は、『広辞苑』（第6版）では、「学問・芸術などにより人間性・知性を磨き高めること」と意義づけられ、culture（イギリス、フランス）、Bildung（ドイツ）の外来語も付記されています。あるいは、『新明解国語辞典』（第6版）では、「文化に関する、広い知識を身につけることによって養われる心の豊かさ・たしなみ」と意義づけられ、そして「（自己の）専門以外に関する学問・知識」という意義も付記されています。

そもそも教養という言葉の語源が、ラテン語の cultūra（耕作）⁽¹³⁾に由来している――畑を耕すように人間の精神を耕す――ことからも明らかなように、教養という概念には、人間を「人格の完成」を目指した存在として位置づけ、そうした高みへと人間を導こうとする価値指向的意味が付与されています。そのため、この概念には、言葉としてのプラスイメージが元来備わっているように思われます。

②「教養」概念の歴史性、時代性

それでは、学校図書館法での「教養」に冠せられた「健全な」という用語には、どんな意味が込められているのでしょうか、それは単なる修飾語にすぎないのでしょうか。その意味は必ずしも明らかではないようです。

しかし、言葉も時代の産物です。学校図書館法が制定（1953年）される4年前の1949年刊行の出版物（『教養文献解説』）には、「教養」に関して、次のような指摘がされています。

> 教養ということばは今日では極めて俗流化されて安易浅薄な意味に用いられているけれども、元来それは深い哲学的基礎をもち、長い精神史的伝統を背景とする困難な人間完成の修練を意味するのである。現在最

も必要なことは俗流化し堕落した教養の概念を捨てて真の意味の教養を復興せしめることでなければならぬ。(14)

「堕落した教養概念」から「真の意味の教養の復興」。「教養」概念に、プラスイメージが常に備わっているわけではないようです。

教養概念が戦前の日本でどのような実態を有していたのかを厳しく指摘した文芸評論家・片岡啓治の文章を紹介します。彼は、まず「教養」について、次のような思いを述べています。

> 私たち以上の世代では、〈教養〉という言葉をきくと、すぐ浮んでくるのは、〈真・善・美〉ということである。(略)不思議なのは、そうした理念によって永らく〈教養〉を積んできた果てに、なぜ他国に対しての侵略戦争などというものがありえたのか、ということなのである。(略)戦時下に私が耳にしたのは、〈教養〉とはまさしく戦争と一致するものであり、〈真・善・美〉はまさに八紘一宇の理念と一つである(15)

片岡は、幼少期に満州事変（1931年）、10代の中頃に太平洋戦争（1941年）が始まりました。この頃、日本の海外進出を正当化するための標語としての「八紘一宇」は町にあふれていました。

その片岡はさらに、その「教養」について、「たてまえ」としての〈教養〉は、「決して人類的普遍につらなるようなものではなく」、「時代と文化の特殊性に限定された」、きわめて「歴史的なものだった」と分析しています。「時代と文化の特殊性に限定された」と分析された「教養」概念。そして、「戦争は、そうやって貪欲にむさぼりとったもろもろの〈教養〉による武装が成就されたときに訪れた。それは、(略)私たちなりの理解で積上げていった〈教養〉のまさしく成果だったのである」。そして、片岡は、最後に「かつての〈教養〉の指し示したところに死の極北があった(16)」と指摘しています。「教養」概念に対する厳しい指摘です。

哲学者・三木清（1897—1945）は、1945年6月、治安維持法の容疑者をかくまったという嫌疑によって検挙・拘留され、敗戦直後の同年9月26日に獄死しました。その三木が執筆した「読書遍歴」という一文があります。そのなかで、三木は高等学校（第一高等学校）時代に第1次世界大戦にあったが、

そのときのことを「教養」と関連させて次のように回顧しています。

> あの第1次世界大戦という大事件に会いながら、私たちは政治に対しても全く無関心であつた。或いは無関心であることができた。やがて私どもを支配したのは却つてあの『教養』という思想である。そしてそれは政治というものを軽蔑して文化を重んじるという、反政治的乃至非政治的傾向をもっていた、それは文化主義的な考え方のものであった。(17)

そして、この時期（大正時代）の教養思想は、明治時代の啓蒙思想に対する反動として起こったと論じ、さらに次のように述べています。

> それが我が国において『教養』という言葉のもつている歴史的含蓄であつて、言葉というものが歴史を脱することのできないものである限り、今日においても注意すべき事実である。(18)

「言葉というものが歴史を脱することのできないもの」という指摘はとても意味深いもので、「教養」という言葉も「歴史的含蓄」を帯びているのです。そして、教養の内実は、社会的・歴史的に変容するのです。

片岡が指摘したように、かつて教養は、「真善美」という言葉で体現された時代がありました。「真善美」とは、『広辞苑』（第6版）によると、「認識上の真と、倫理上の善と、美学上の美。人間の理想として目ざすべき普遍妥当的な価値」と解説されています。しかし、その「真善美」の内容も、社会的・歴史的に規定されたものであり、「普遍妥当的な価値」は一義的ではありません。

政治学の泰斗・丸山眞男（1914—96）は、敗戦直後に「超国家主義の論理と心理」という論文を発表し、戦後日本の言論界に大きな衝撃を与えました。丸山はその論文で、日本では、天皇の神格が否定されるその日まで、「国家が「国体」に於て真善美の内容的価値を占有するところには、学問も芸術もそうした価値的実態への依存よりほかに存立しえないことは当然である」と述べ、しかも「その依存は決して外部的依存ではなく、むしろ内面的なそれなのだ。（略）何が国家のためかという内容的な決定をば「天皇陛下及天皇陛下ノ政府ニ対シ」（官吏服務紀律）忠勤義務を持つところの官吏が下すとい

う点にその核心があるのである」と、論じています。そして、「それ自体「真善美の極致」たる日本帝国は、本質的に悪を為し能わざるが故に、いかなる暴虐なる振舞も、いかなる背信的行動も許容されるのである！」と述べています。

ここには、「学問・芸術」（『広辞苑』）も「文化に関する、広い知識」（『新明解国語辞典』）も、政治的「権力」と宗教的「権威」が一体化するなかで、「内容的価値」が規定されていたことが論じられています。すなわち、教養の内実としての「人間性・知性」（『広辞苑』）も「養われる心の豊かさ・たしなみ」（『新明解国語辞典』）も、時代のなかで変容しながら形成されていったのです。「教養」の内実もまた、時代的・社会的背景によって意味づけられた「歴史を脱することのできない」ものなのです。

学校図書館法にいう「健全な教養」の「教養」概念の理解にも、こうした捉え方が必要だと思います。またこういった考え方は、後述する「選書」に際しても大きな示唆を与えてくれそうです。

2-3 『何をどう読ませるか』

『何をどう読ませるか』（全国学校図書館協議会必読図書委員会編）という本があります。子どもの発達段階に応じた「読書の勧め」ともいうべき本で、全国学校図書館協議会から小学校低学年、小学校中学年、小学校高学年、中学校、高校向けに合計5冊が出版されています。書目の選定には、学校図書館（特に読書指導）に造詣が深い人たちがあたり、各冊ごとに約50点の本が紹介されています。1958年に第1版が刊行されて以来、現在（1994年から2000年）は6訂版が刊行されています。この本を見ると、それぞれの時代で、どんな本が子どもたちに「読ませたい」本とされていたのか、そこから、各時代のいわば読書を通じた「教養」の内実を垣間見ることができる文献でもあります。

高校生版からその一端を見てみます。第1版（1958年）では、「読ませたい」本の約40点が文学作品です。そのうち二十数点は日本文学です。『阿部一族』（森鷗外）、『暗夜行路』（志賀直哉）、『蟹工船』（小林多喜二）、『こころ』（夏目漱石）、『斜陽』（太宰治）、『真空地帯』（野間宏）、『真理先生』（武者小路実篤）、『雪国』（川端康成）などが並んでいます。その他に外国文学（欧米、ロシア、中国）として、『嵐が丘』（エミリー・ブロンテ）、『キュリー夫人

伝』(エーヴ・キュリー)、『チボー家の人々』(ロジェ・マルタン・デュ・ガール)、『武器よさらば』(アーネスト・ヘミングウェイ)、『アンナ・カレーニナ』(レフ・トルストイ)、『父と子』(イワン・ツルゲーネフ)、『阿Q正伝』(魯迅)などが入っています。文学作品以外では、『現代日本の歴史』(井上清／小此木真三郎／鈴木正四)、『新唐詩選』(吉川幸次郎／三好達治)、『文学入門』(伊藤整)、『万葉秀歌』(斎藤茂吉)、『余の尊敬する人物』(矢内原忠雄)などが列挙されています。こうした書目には、(特に文学作品には)いわゆる古典・文豪作品が多々含まれていて、育成すべき「教養」の中身をうかがい知ることができます。そして読書指導の目標として、思索的・批判的な読書の態度の養成、集団読書による視野の拡大、文学作品への案内などが示されています。

　その後、版を重ねることで、「読ませたい」書目も変化してきました。最新の6訂版(2000年)では、文学作品は減少し、ロシア文学も『罪と罰』(フョードル・ドストエフスキー)1点だけです。それに対して、科学、社会、歴史などの分野の作品が増加傾向を示しています。読書指導の観点でも「読書領域の拡大と、深化をはかる」ことが記され、読書材として「豊かな心情を育てる」「自己の発見と確立をはかる」「社会の中での生き方を考える」「科学的な思考と態度を育てる」ものがあげられています。この変化を比喩的にいえば、「古典から現代へ」「文学中心から他分野への広がり」です。「教養」の内実、すなわち「人間性・知性」「養われる心の豊かさ・たしなみ」の中身が変容しつつあることをうかがい知ることができます。「教養」という言葉は同じでも、その言葉に込められた内実が変化しているのです。

　その「教養」概念の理解とかかわって、「新しい時代における教養教育の在り方について[21]」という中央教育審議会答申があります。

　答申は、「教養についての共通理解」が失われかけた今日、「今後の新しい時代に求められる教養とは何か、また、それをどのようにして培っていくのかという観点」からの審議に基づき出されたものです。

　答申は、大きな社会変動のなかで既存の価値観が大きく揺らぐ一方、個人も社会も、自らへの自信や将来への展望をもちにくくなっている時代のなかで、新しい時代に求められる教養を検討し、次のような教養像を打ち出しました。

第3章　学校図書館の役割を考える

> 新しい時代に求められる教養の全体像は、変化の激しい社会にあって、地球規模の視野、歴史的な視点、多元的な視点で物事を考え、未知の事態や新しい状況に的確に対応していく力として総括することができる。こうした教養を獲得する過程やその結果として、品性や品格といった言葉で表現される徳性も身に付いていくものと考える。

「地球規模の視野、歴史的な視点、多元的な視点」。答申でも、教養に関する一定の「価値体系」が示されているわけではありません。こうした視野や視点に基づく「考え」、未知の事態や新しい状況に的確に対応していく「力」として、教養像が提起されているのです。答申も、教養は「人類の歴史の中で、それぞれの文化的な背景を色濃く反映させながら積み重ねられ、後世へと伝えられてきた」と述べています。「教養」は、時代的・社会的背景に意味づけられた「歴史を脱することのできない」ものなのです。

それだけに、「健全な教養を育成する」(学校図書館法第2条)には、「学問・芸術」のありように目を向けながら、「現実の世界」をも直視する必要があります。そして、「人生観」を「確固不動」なものにするためにも、多様な領域(世界)との向き合いが求められます。文学はもちろん、科学も歴史も社会も……。自己を取り巻く広い領域(世界)との対話が求められています。

そのとき、大切なことは、思考が単眼的に陥らないことです。単眼的な考えに基づいて培われた力は、「変化の激しい社会」に対応できる力にはなりません。特に、「地球規模」「歴史的」問題と対面するときには、複眼的思考が求められます。そうした複眼的思考を積み重ねた結果として(あるいは、その過程で)、個々人に「教養」が形成され、それが「目に見えない社会の基盤」(答申)になるのです。

そのため、学校図書館もまた、多様な分野の資料を収集し提供することを通して、子どもの健全な教養を図ることが求められているのです。

2-4 「読書、人類が獲得した文化」──「文化審議会答申」

今日、読書対象は文学作品にとどまらず、多様な分野にも拡大されるべきだという考えは、広く理解されているように思われます。

いまから10年前(2004年)に出された「これからの時代に求められる国語

力について」(文化審議会答申)では、読書の範疇には文学作品に限らず、自然科学・社会科学関係の本や新聞・雑誌、調べるための本も含めています。それらを含めて読書は「人類が獲得した文化」であるという前提に立っています。

「人類が獲得した文化」は、図書館では知の体系に基づいて分類されています。日本でのそれは「日本十進分類法」です。それによると、すべての知の体系が0類から9類に含まれることになっています。総記は「0」、倫理・哲学は「1」、歴史・地理は「2」、社会科学は「3」、自然科学は「4」、……語学は「8」、文学は「9」です。

　図書館は知の宇宙であり、知の館です。図書館という「館」より大きな館はないのです。その「館」にある資料(書)の多くは文字によって編まれていて、図書館資料(書)の多くは「読」の対象分野です。学校図書館を利用することは、こうした知の宇宙(「人類が獲得した文化」)を旅することでもあります。そのため、学校図書館法が規定する「健全な教養の育成」は、こうした知の宇宙を旅することによって身につけられるものでもあります。学校図書館法でいう「教養」の育成は、特定化された知の世界に限定されることなく、知の宇宙の全分野を通して育成すべきものだと思います。

2-5　「言語活動の充実」、さらなる読書領域の拡大

　2008年に告示された新学習指導要領も、読書領域の拡大にかかわる内容を含んでいます。「言語活動の充実」への言及がそれです。すなわち、新学習指導要領は、教育活動を進めるにあたって、「基礎・基本の習得」「問題解決能力の育成」「主体的な学習態度の養成」などに努めると同時に、新たに「言語活動の充実」という項目を加えました。その言語活動の充実のカギは、「言語に関する能力」(学習指導要領総則編)の育成、すなわち「言語力」を育てることです。

　その言語力という概念は、「言語」と「力(能力)」を合成した造語(新しい概念)です。2008年の『広辞苑』(第6版)には、この言葉は採録されていません。05年制定の文字・活字文化振興法には、「読む力及び書く力並びにこれらの力を基礎とする言語に関する能力」(第3条第3項)という内容で、「言語力」という言葉が初めて法律上に登場しました。学習指導要領での「言語に関する能力」の登場はその3年後です。

しかし文字・活字文化振興法には、「言語力」の内容については何らの規定もありません。その点、2007年に出された「言語力の育成方策について（報告書案）」[23]には、言語力の定義が述べられています。「知識と経験、論理的思考、感性・情緒等を基盤として、自らの考えを深め、他者とコミュニケーションを行うために言語を運用するのに必要な能力を意味するもの」がそれです。同報告は、さらに言語力の育成を図るために、学習指導要領の各教科などの見直しにも言及しています。その提言が、その後の中央教育審議会答申（2008年）[24]に反映されました。中央教育審議会答申は、言語活動の充実について、次のように述べています。
①各教科などでの言語活動の充実は、今回の学習指導要領の改訂で各教科等を貫く重要な改善の視点である。
②各教科などでは、国語科で培った能力を基本に、知的活動の基盤という言語の役割の観点から、それぞれの教科などの知識・技能を活用する学習活動を充実することが重要である。
③各教科などの指導計画に言語活動を位置づけ、各教科などの授業の構成や進め方自体を改善する必要がある。
　この答申を経て、学習指導要領が改訂され、「言語活動の充実」が盛り込まれることになったのです。
　言語力が「知識と経験、論理的思考、感性・情緒等を基盤」としているなら、その言語力は、多様な営みのうえで育成される「力」です。しかし、その根底には「知の宇宙」への旅があります。しかも多様な観点、分野にまたがった旅です。

2-6　読書環境の整備と学校図書館

　子どもにとって、その読書と最も身近な環境は、学校図書館です。そのため、子どもの読書の問題を考えるとき、学校図書館のありようは非常に大きな要因になります。
　前述した新学習指導要領も、言語活動の充実を「言語環境」の整備と関連づけ明記しています。その「言語環境」のなかには、当然学校図書館も含まれています。先の中央教育審議会答申（2008年）も、言語活動をおこなう際の留意点として、
①言語能力を育むにあたっては、読書活動が不可欠である。

②学校図書館の活用や学校での言語環境の整備が重要である。特に、辞書・新聞の活用や図書館利用などについて指導し、これらを通じてさらに情報を得て思考を深めることが重要である。
と述べています。

　また、この言語活動の充実は、国語科といった特定の教科だけが取り組む課題ではなく、社会科、算数（数学）、理科などの各教科などを貫いて取り組む課題と位置づけられています。教科活動の根底に言語があり、言語がコミュニケーションの大きな手段であることを思うとき、すべての教科を横断して「言語活動の充実」を図ることは重要なことです。そして、その言語活動の根幹をなしているのが「読書」という営みです。このことは、必然的に育成されるべき「教養」の内実を拡大することにも連動します。

　そのとき、読書活動と学習活動は、別個のものとしてあるのではなく、両者は「融合的関係」に立つことになると思います。読書活動が学習活動を担保し、学習活動が読書活動の領域をさらに拡大させていきます。そうした「融合的関係」を実現するのに最もふさわしい場が、学校図書館です。多様な視点・観点を含んだ多様なジャンルの図書・文献が、収集・整理・提供されている場としての学校図書館は、学習活動と読書活動を「融合的」に担保する教育環境です。「言語活動の充実」を実現するには、学校図書館機能の発揮は必然なのです。

　学校図書館法にいう「健全な教養」の理解を、近年の教育改革のこうした動向をも含めて理解することも大切なことだと思います。それは同時に、育成されるべき「教養」の内実を豊かにし、よりいっそう拡大していくことになると思います。

注

（1）1947年制定の学校教育法施行規則第25条（現行第52条）には「小学校の教科課程、教科内容及びその取扱いについては、学習指導要領の基準による」とある。その『学習指導要領——試案　一般編』（中等学校教科書、1947年、11ページ）では、「どの学年でどういう教科を課するかをきめ、また、その課する教科と教科内容との学年的な配当を系統づけたものを、教科課程といっている」と記述されている。

(2) 今野喜清「カリキュラム」、細谷俊夫ほか編『新教育学大事典』第2巻所収、第一法規出版、1990年、40ページ
(3) 武村重和「教育課程」、『日本大百科全書』第6巻所収、小学館、1985年、789ページ
(4) 教育課程の基準としての学習指導要領は、現在は文部科学省が官報に告示している。1958年の学習指導要領の改訂がその始まりである。そのときから、学習指導要領の法的拘束性が強調されるようになり、教育課程での学校裁量、弾力性は希薄化した。それ以前の学習指導要領（1947年、51年）は、「試案」「教師の手びき」であり、学校に自由裁量が認められていた。
(5) 前掲『日本大百科全書』第6巻、789ページ
(6) 「教材」という概念は多義的である。特に教材と教具との区分（可能か否かを含めて）をめぐって見解は分かれている。
(7) 裏田武夫「学校教育における図書館の役割」「初等教育資料」1983年2月号、東洋館出版社、2ページ
(8) ちなみに、全国学校図書館協議会制定「情報・メディアを活用する学び方の指導体系表」（2004年）によると、「国語辞典」の利用法の指導は、小学校中学年から始まっている。
(9) 「学校図書館法案提案理由」、前掲「学校図書館」1953年9月、13―14ページ
(10) 山田忠雄／柴田武／酒井憲二／倉持保男／山田明雄編集『新明解国語辞典 第6版』三省堂、2005年
(11) 新村出編『広辞苑 第6版』岩波書店、2008年
(12) 『舟を編む』（光文社）は、出版社の辞書編集部で働く編集部員たちが新しい辞書を作る過程の悩みや葛藤、喜びを描いた小説。三浦しをん著で、2011年に刊行された。
(13) 國原吉之助『古典ラテン語辞典』大学書院、2005年
(14) 木村健康「教養」、河合栄治郎／木村健康共編『教養文献解説』上巻所収、社会思想研究会出版部、1949年、3ページ
(15) 片岡啓治「解説」、野坂昭如／五木寛之／李恢成『日本教養全集』第11巻所収、角川書店、1975年、380ページ
(16) 同書381、383、387ページ
(17) 三木清「読書遍歴」『読書と人生』（小山文庫）、小山書店、1949年、35ページ。なお、この「読書遍歴」という文献は、太平洋戦争直前の1941年6月から翌年（1942年）1月にかけて「文芸」（改造社）に発表された。
(18) 前掲『読書と人生』35ページ

(19) この論文は、「世界」1946年5月号（岩波書店）に発表された。本書での引用は、丸山眞男「超国家主義の論理と心理」（『現代政治の思想と行動』上、未来社、1956年）、11ページによる。
(20) 同書14ページ
(21) 中央教育審議会「新しい時代における教養教育の在り方について（答申）」2002年2月21日（http://www.mext.go.jp/b_menu/shingi/chukyo/chukyo0/toushin/020203/020203a.htm）［アクセス2015年3月1日］
(22) 同答申は、全国学校図書館協議会編『学校図書館・司書教諭講習資料 第7版』（全国学校図書館協議会、2012年、119―127ページ）に掲載されている。
(23) 言語力育成協力者会議「言語力の育成方策について（報告書案）」(http://www.mext.go.jp/b_menu/shingi/chousa/shotou/036/shiryo/07081717/004.htm)［アクセス2015年2月15日］
(24)「幼稚園、小学校、中学校、高等学校及び特別支援学校の学習指導要領等の改善について（答申）」(http://www.mext.go.jp/b_menu/shingi/chukyo/chukyo0/toushin/__icsFiles/afieldfile/2009/05/12/1216828_1.pdf)［アクセス2015年6月16日］

第4章　豊かな想像力、自己形成、そして楽しみ
―― 子どもの読書を支援する学校図書館

1　読書は、子どもを育てる

1-1　読書は子どもの「栄養素」

　一人娘が幼い頃に、毎晩のように語り聞かせたお話。一つの話が終わるたびに、娘は「その次は？」とせがむので、また次の話をする。そして、「その次は」「その次は」……。しかし、離婚のため娘と別れ、「また明日ね」と言ったその続きを語ることができなくなった大道芸人・銀三郎。娘との思い出は、彼女が6歳のときのまま止まっている。10年余りを経て、偶然訪れた17歳の娘との再会。名乗ることなく別れなければならない娘のために、「その続き」を絵本にして伝えようとした父の愛情。広大な大地、絵本の里（北海道剣淵町）に染み渡る親子の絆を描いた映画『じんじん』[1]。
　私はこの映画を、一般公開に先立ち2013年2月に、映画の町・夕張市（北海道）で開催された「映画祭」で見ました。大きな感動と温かさが「じんじん」と広がり、やさしい気持ちになれる作品でした。そして映画のなかで、銀三郎が娘のために描いた一冊の絵本もすばらしい。以前、「1粒で2度おいしい」というキャラメルのコピーがありましたが、映画も（そのなかの）絵本もすばらしい。「2度おいしい」。絵本を媒介に親子の絆を描いた映画でした。
　日本での絵本のロングセラー、松谷みよ子・瀬川康男の『いないいないばあ』（童心社）は、1967年の初版以来今日まで47年間で500万部を超えています[2]。にゃあにゃあの次はくまさんが、その次はネズミさんが、キツネさんが……。そして最後にのんちゃんが「いない　いない　ばあ」。そしてさらに自分の子どもも「いない　いない　ばあ」。0歳の子どもから楽しめる絵

本。多くの子どもも大人も、この「いない　いない　ばあ」に心癒されてきたと思います。

　私は、札幌市内の小・中学校を訪問し、学校図書館にうかがうことがしばしばあります。小学校はもちろん、中学校の学校図書館にも、絵本がたくさん所蔵されています。「絵本は人気ですよ」とは、担当の司書教諭の先生の話です。特に子どもにとっては、成長を促す大切な心の「栄養素」です。絵本を見て笑う、驚く、悲しむ、喜ぶ、はしゃぐ、考える……。絵本には、子どもが成長するためのたくさんの「栄養」が詰まっています。

　絵本は、子どもにとって「新しい世界」「物語の世界」への入り口です。大学の講義で、学生に「思い出の絵本はある?」と聞くと、ほとんどの学生はすぐさま何冊かを思い浮かべ、うれしそうに、そして少し恥ずかしそうに、その絵本の思い出を語ります。お母さんやお父さんを、そして読み聞かせの先生を思い浮かべながら……。一様にやさしい語り口と笑顔になります。

　絵本は、子どもだけではなく、大人にも大きな感動を与えてくれます。大人になってから、かつて読んだ絵本のページをめくると、子どものときには何げなく読んでいた言葉が胸に染み入り、その当時には得られなかった感動が湧き起こることがあります。

　シェル・シルヴァスタイン（1932―99）の『おおきな木』(3)。いつでもそこにある木。少年は成長し大人へ、そして老人へと変わっていく。それでも木は、その変わっていく少年に惜しみない愛を与え続ける。実を与え、枝を与え、そして幹さえも与えてしまう。それにもかかわらず、どんなときも、「きは　それで　うれしかった」（だけど　それは　ほんとかな?）。

　この絵本を、子ども時代に読んだときと大学生になってから改めて読んだときでは、感じ方が異なる場合があります。この絵本を思い出の1冊にあげた学生がいました。故郷を離れて大学生活を過ごしている学生です。その学生は、「無償の愛」をいまもなお与え続けてくれる離れた地の親への感謝を心に秘めているのかもしれません。そして、この絵本は、さまざまな解釈ができる（「木は、本当に幸せだったのかな?」「木が少年にしてあげたことは、少年のためになったのかな?」など）点でもすばらしい作品だと思います。

　経験を積み重ねることで、子ども時代とは異なった共感を得ることができる絵本の世界、その世界の懐の深さを改めて感じる大人もたくさんいると思います。

1-2 「ブックスタート」

　その絵本の世界に「赤ちゃん、ようこそ！」と、赤ちゃんと絵本を結び付ける「ブックスタート」事業を展開している街が全国に数多くあります。
　ブックスタートとは、地域のすべての赤ちゃんとその保護者を対象に、乳児検診などの機会を利用して、絵本の読み聞かせとともにメッセージを伝え、絵本を手渡すという活動です。この事業は、イギリスのバーミンガムで1992年にブックトラスト（教育基金団体）が中心になり始まった運動で、そのキャッチフレーズ（「Share books with your baby」）が表現するように、「赤ちゃんと保護者が本を通して楽しいひとときを分かち合う」ことを目的としておこなわれてきました。
　日本では、「子ども読書年」（2000年）を機に紹介され、その後、ブックスタート支援センター（2001年から。その後04年にNPOブックスタートに名称変更）が推進する形で、2001年4月に全国12自治体で実施が始まり、全国の自治体に広まっていきました。現在（2015年5月31日）は、全国918市区町村が取り組んでいます。全国の市区町村数（区は東京23特別区）は1,741なので、実施自治体は約半数（53％）を超えています。
　「花とガーデニング」で全国的にも名高い恵庭市（北海道）も、ブックスタートをおこなう街の一つです。恵庭市は、JR快速で新千歳空港から13分、札幌から23分。空港と札幌のほぼ中間に位置する人口約6万9,000人の街です。
　その恵庭市は、図書館活動（サービス）がとても活発です。サービス活動は、乳幼児の子育てを応援し、学齢期の子どもを支え、自立した市民の支援へと一直線で結ばれています。「子育て支援」―「学びの支援、育ちの支援」―「市民の自立支援」です。その恵庭市立図書館の「子育て支援」策の一つが、絵本を軸とした「ブックスタート」です。
　恵庭市のブックスタートは、先行12自治体と同時に2001年4月から始まりました。現在は、市保健センターが毎月実施する9・10カ月児健診時に、乳児と保護者に「ブックスタートパック」を配付しています。そのなかには、図書館が用意する絵本（2冊）、絵本ガイドなどの他、市保健センターや子育て支援センターが用意する配付物も入っています。
　この事業には、2008年3月から「ブックスタートプラス」が加わりました。

「プラス」とは、1歳6カ月児健診時に、絵本(図書館が用意した5種類のなかから1冊を保護者が選択)や絵本ガイドを、図書館員が説明の言葉を添えてプレゼントするものです。最初のブックスタート(9・10カ月)の際は、図書館員が絵本を「用意」しましたが、プラス(1歳6カ月)の際は「保護者が選択」することになっています。赤ちゃん一人ひとりの成長(興味・関心など)に合わせて選択の機会が提供されていることは興味深いです。

　最近の実施状況(2013年度)は、ブックスタートパックの配付数495個(対象者515組、配付率96.1%)、ブックスタートプラス絵本配付数503個(対象者515組、配付率97.7%)です。配付率(90%後半)を見ても、この事業が市民に理解されていることがわかります。

　また、この事業に関するアンケート結果(2015年度)[7]もこの事業の効果を証明しています。それによると、

(1)「ブックスタートの後、お子さんに読み聞かせをしていますか?」
・「前からしている」(185件、37.4%)
・「している」(216件、43.6%)
(2)「ブックスタートで絵本を受け取った」人(91.7%)に対して「ブックスタートの後、ご家庭で変わったことはありますか?」
・「子どもがブックスタートでもらった絵本に興味をもつようになった」(195件、43.0%)
・「子どもが家にある絵本に興味を示すようになった」(155件、34.1%)
・「絵本を買うようになった」(74件、16.3%)
・「子どもと図書館に行くようになった」(42件、9.3%)
(比率は全回答件数(454件)に占める各回答件数の割合)

これらの回答を見ると、ブックスタートが、子どもの生活に変化をもたらしていることがわかります。[8]

1-3 「「読書活動」とその影響に関する調査」;1
——「子どもの読書活動の実態とその影響・効果に関する調査研究」

①読書と現在の「意識・能力の高さ」との相関

　絵本から始まる読書の世界。その読書は、子どもだけでなく大人の価値観や生活行動にも大きな影響を与えています。

　子どもの頃の読書活動が、その後の人生にどのような影響を与えているのか、そうしたことに関する興味深い調査があります。この調査は、「子どもの読書活動の実態とその影響・効果に関する調査研究」で、国立青少年教育振興機構に設置された「子どもの読書活動と人材育成に関する調査研究会」が2012年3月に実施したもので、13年2月にその結果が公表されました。

　次に、高校2年生278校1万227人、中学校2年生338校1万941人、合計2万1,168人を対象にした調査（青少年調査）の概要の一部を紹介します。

　その調査結果で、まず驚いたことは、次の点です。

　　　就学前から中学時代までに読書活動が多い高校生・中学生ほど、未来志向、社会性、自己肯定、意欲・関心、文化的作法・教養、市民性、論理的思考のすべてにおいて、現在の意識・能力が高い。

　読書活動と生き方や考え方との間に、こんなに強い相関関係があることに驚きました。

　そこで、「どんな質問からこうした結論を導き出したのだろう」と思い、その質問項目を見てみました。すると、「自分のことが好きである」から始まり「物事を正確に考えることに自信がある」まで、36の質問項目が列挙されています。調査結果は、この36の質問項目と読書活動の多少との相関を調べるなかで出た結論でした。次に、導き出した「結果」と質問項目のいくつかを紹介します。「結果」は、全部で7つあります。

ⓐ「未来志向」
　職業意識…できれば、社会や人のためになる仕事をしたいと思う。
　将来展望…私には将来の目標がある。
　自己啓発…自分の能力を発揮するために学習や能力開発に取り組みたい。
ⓑ「社会性」

共生感…友達がとても幸せな体験をしたことを知ったら、私までうれしくなる。
　規範意識…電車やバスに乗ったとき、お年寄りや身体の不自由な人には席を譲ろうと思う。
　人間関係能力…けんかをした友達を仲直りさせることができる。
ⓒ「自己肯定」
　自尊感情…自分のことが好きである。
　充実感…自分の好きなことがやれていると思える。
ⓓ意欲・関心…なんでも最後までやり遂げたい。
ⓔ文化的作法・教養…お盆やお彼岸にはお墓参りにいくべきだと思う。
ⓕ市民性…政治・社会的論争に関して自分の意見をもち論議する。
ⓖ論理的思考…複雑な問題について順序立てて考えるのが得意である。
　これらの結果を、もう少し具体的に紹介します。調査では、就学前から中学時代までの読書活動が多い順に、「高得点群」「中得点群」「低得点群」の3段階に分けて、各項目との相関関係を出しています。それによると、読書活動の多い群（高得点群）ほど、それぞれの意識・能力が高くなっています。
　これらの結果を、さらに紹介します。それによると、高校生・中学生の各項目の意識、能力は、3段階の高い順から次のようになっています（（　）内は中学生）。
ⓐ未来志向性…42.3％（41.9％）、32.3％（29.2％）、23.4％（19.4％）
ⓑ社会性…50.0％（49.8％）、34.8％（33.9％）、23.4％（18.6％）
ⓒ自己肯定性…43.2％（45.4％）、35.4％（36.4％）、27.8％（26.6％）
ⓓ意欲・関心…38.4％（39.5％）、29.0％（25.8％）、21.9％（18.0％）
ⓔ文化的作法…38.6％（44.5％）、22.2％（27.2％）、12.2％（12.9％）
ⓕ市民性…33.7％（40.2％）、22.5％（26.2％）、18.3％（18.4％）
ⓖ論理的思考…33.2％（42.4％）、24.6％（31.2％）、20.3％（23.6％）
　どの項目でも、読書活動が多い群（高得点群）ほど、それぞれの意識・能力が高くなっていることがわかります。読書活動との相関の強さを知ることができます。
　そのなかには、次のような結果もあります。

　　就学前から小学校低学年までの「家族から昔話を聞いたこと」、「本や絵

本の読み聞かせをしてもらったこと」、「絵本を読んだこと」といった読書活動は、現在における社会性や文化的作法・教養との関係が強い。

　たとえば、同調査結果を紹介したリーフレット（国立青少年教育振興機構「子どもの頃の読書は豊かな人生への第1歩――読書好きの子どもは積極的」）によると、次のような結果が紹介されています。
ⓐ「友だちがとても幸せな体験をしたことを知ったら、私までうれしくなる」との思いを持つ中学生の比率は、小学校低学年期に「家族から昔話を聞いたこと」が多い子どもほど高くなっている。
ⓑ「電車やバスに乗ったとき、お年寄りや身体の不自由な人に席を譲ろうと思う」という思いを持つ高校生の比率は、小学校に入学する前に「絵本を読んだこと」が多い子ほど高くなっている。

②読書活動と読書時間との相関

　また読書活動と読書時間との関係についても、両者の間には強い相関関係があります。就学前から中学時代までに、ⓐ「本を読んだこと」や「絵本を読んだこと」などの読書活動が多い、ⓑあるいは現在までに「好きな本」や「忘れられない本」がある、と回答した高校生・中学生は、1カ月に読む本の冊数や1日の読書時間が多い、という結果が出ています。

　またこの調査は、成人（20代から60代まで5,258人）をも対象にして実施しています。成人の調査結果でも、青少年と同様の傾向が出ています。すなわち、子どもの頃に、ⓐ「本を読んだこと」や「絵本を読んだこと」などの読書活動が多い、ⓑ現在までに「好きな本」や「忘れられない本」があると回答した成人は、1カ月に読む本の冊数や1日の読書時間が多いのです。

　子どもの頃の読書活動の多さが、成人になってからも読書時間の多さに結び付いています。そしてその読書活動は、人生を前向きにさせ、社会性を身につけさせる要因の一つにもなっているのです。子どもの頃の読書の大切さを改めて実感させられます。

③読書活動と体験活動との相関

　そして、読書活動と体験活動との相関関係の高さにも少々驚かされます。次の結果です。

就学前から中学時代までに読書活動が多い高校生・中学生は、就学前から中学時代までの体験活動も多い。

　体験活動とは、自然体験、動植物とのかかわり、友達との遊び、地域活動、家族行事、家事手伝いのことをいいます。これらを先の読書活動の多さによる「3段階」に分けてみると、次のようになっています（％は体験活動の割合）。
ⓐ高校生では、「高得点群：55.8％」「中得点群：25.0％」「低得点群：11.1％」
ⓑ中学生では、「高得点群：53.6％」「中得点群：24.0％」「低得点群：10.6％」
　こうした傾向は、成人調査でも同様で、「子どもの頃に読書活動が多い成人は、子どもの頃の体験活動も多い」というのです。同様に先の3段階に分けてみると、「高得点群：51.7％」「中得点群：25.3％」「低得点群：14.2％」となっています。
　中学生・高校生、そして成人も、読書活動の多さと体験活動の多さは、強い相関関係をもっているのです。
　「読書活動は、子どもだけでなく大人の価値観や生活行動にも大きな影響を与えている」、このことに改めて驚きを禁じえませんでした。
　ちなみに、このような調査では、しばしば学歴・収入の「高さ」と結果の「高さ」とが結び付けて論じられることが多いのですが、この調査結果（成人調査）では、「子どもの頃の読書量や現在の読書量、読書が好きかどうかと、学歴・年収との間に強い関係はみられない」そうです。

1-4　「「読書活動」とその影響に関する調査」;2——「学校読書調査」

　こうした読書の「有用性」については、全国学校図書館協議会などが毎年おこなっている「学校読書調査」（第57回、2011年）でも明らかにされています。調査結果は、「肯定される読書の効用感——読書による変容を認める子どもたち[10]」というタイトルのもとで、同協議会の機関誌「学校図書館」に掲載されています。次のような結果です（カッコ内の％は「はい」と答えた割合。小学生、中学生、高校生の順）。

(1) 読書は国語の勉強に役立った（45.2％、49.5％、54.6％）
(2) 読書は国語以外の勉強に役立った（45.0％、36.8％、30.3％）
(3) 今まで知らなかったことがわかった（85.0％、84.0％、84.8％）
(4) 本を読むのは楽しいことがわかった（81.9％、77.2％、75.0％）
(5) 本を読んで感動することができた（53.3％、62.9％、74.2％）
(6) 現実とは別の世界を楽しむことができた（67.2％、74.0％、75.8％）
(7) 気晴らしや勉強の息抜きになった（53.4％、57.6％、60.5％）
(8) 家族や友だちとの話題が増えた（51.0％、47.3％、45.9％）
(9) 特に変わったことはなかった（28.7％、31.6％、32.7％）

こうした調査結果を見ると、子どもが「読書」を前向きに捉えていることがわかります。この読書への肯定感をさらに大きくしていくことは、子どもの成長・発達にとって重要なことだと思います。学校図書館の役割は大です。

1-5　日本の子どもの「自己肯定感」——2つの調査結果

①「高校生の心と体の健康に関する調査」

こうした調査結果は、一般の新聞にはあまり報道されませんが、報告されている日本の子ども（青少年）の意識は、必ずしも肯定的ではありません。

たとえば、「高校生の心と体の健康に関する調査」[11]（一ツ橋文芸教育振興会／日本青少年研究所、2011年）によると、そのなかの「自己肯定感」（自尊感情）は、調査対象4カ国（日本、アメリカ、中国、韓国）のなかで最も低くなっています。次のような結果です（％は「全くそうだ」の比率）。

(1)「私は価値のある人間だと思う」：日本7.5％、米国57.2％、中国42.2％、韓国20.2％。
(2)「自分を肯定的に評価するほう」：日本6.2％、米国41.2％、中国38.0％、韓国18.9％。
(3)「私は自分に満足している」：日本3.9％、米国41.6％、中国21.9％、韓国14.9％。
(4)「自分が優秀だと思う」：日本4.3％、米国58.3％、中国25.7％、韓国10.3％。

②「我が国と諸外国の若者の意識に関する調査」
　こうした子ども（青少年）の「自己肯定感」の低さは、政府の調査結果にも現れています。政府が2014年6月3日に閣議決定した『子ども・若者白書』には、「我が国と諸外国の若者の意識に関する調査」(内閣府、2013年度)の結果が載っています。調査対象国は7カ国（日本、韓国、アメリカ、イギリス、ドイツ、フランス、スウェーデン）で、調査対象は13歳から29歳までの男女です。日本の若者の調査結果のいくつかを、次に紹介します。

　（1）自己肯定感
　「自分自身に満足している」(45.8%)、「自分には長所がある」(68.9%)、「うまくいくかわからないことにも意欲的に取り組む」(52.2%)。この割合は、いずれも対象国で最も低い。
　（2）社会形成・社会参加
　「社会現象が変えられるかもしれない」(30.2%)。この意識は対象国中最も低い。
　（3）自らの将来に対するイメージ
　「自分の将来について明るい希望をもっている」(61.6%)、「40歳になったときのイメージ（幸せになっている）」(66.2%)。この割合も対象国中最も低い。

　こうした結果を分析する際には、当該の数字だけではない他の要因をも加味して考察する必要があります。それにしても、この調査結果を見て、子ども・若者のこうした「否定的意識」をもっと前向きにできないのだろうか、子ども・若者が「将来」を描ける社会を創れないのだろうかという思いを抱く人は多いと思います。『白書』にも、「日本の将来を担う子どもたちは、我が国の一番の宝である。子どもたちの命と未来を守り、無限の可能性に満ちたチャレンジ精神にあふれる若者が活躍する活力にみちた社会を創り上げていかなければならない」と記されています。
　こうした「子ども・若者」の意識については、日本の教育行政も危機的認識を抱いています。文部科学大臣は、2014年11月20日、中央教育審議会に次の学習指導要領の改訂にかかわる諮問をしました。そのなかに、次のよう

な一節があります。

> 我が国の子供たちについては、判断の根拠や理由を示しながら自分の考えを述べることについて課題が指摘されることや、自己肯定感や学習意欲、社会参画の意識等が国際的に見て低いことなど、子供の自信を育み能力を引き出すことは必ずしも十分にできておらず、教育基本法の理念が十分に実現しているとは言い難い状況です。

「自己肯定感や学習意欲、社会参画の意識等が国際的に見て低い」、教育行政もこうした危機感をもっています。そしてこうした危機感は、多くの人の危機感でもあると思います。

こうした状況をどのようにして打開したらいいのか、その一つの「解答」が、先の「子どもの読書活動の実態とその影響・効果に関する調査研究」の結果が指し示しているように思います。「読書活動が多い高校生・中学生ほど、未来志向、社会性、自己肯定、市民性などにおいて、意識・能力が高い」のです。「私には将来の目標がある」(未来志向性)、「自分のことが好きである」「自分の好きなことがやれていると思える」(自己肯定性)、「政治・社会的論争に関して自分の意見を持ち論議する」(市民性)のです。

「読書」を媒介とした子ども・若者づくり。それは迂遠のようで、また成果はすぐには目には見えにくいものですが、確実に子どもの「心」に変化をもたらし、意識を変え、行動様式を変えることにつながります。それは、ひいては、この社会を自分の力で変えていこうとする「主権者」を育てることにもつながるのです。

2 読書の意義

2-1 「文字・活字」の重要性、そして読書への期待

子どもも大人も、みんなこの社会を構成する一員、そしてかけがえがない1回限りの「生」を生きています。その「生」を前向きに生きたい、この社会(未来)とかかわって生きていきたい……。人々は、多くの思いや願いを込めてこの社会で生活しています。

その人々の生活、さらにはこの国の未来は読書と深いかかわりをもっています。そうした認識は、20世紀末以来の日本社会の共通認識でもあります。
　1999年に、子どもにとって読書は豊かな人生を生きるために「欠くことのできないもの」という認識のもとに、衆・参両院で「子ども読書年に関する決議」が採択されました。

　　読書は、子どもたちの言葉、感性、情緒、表現力、創造力を啓発するとともに、人としてよりよく生きる力を育み、人生をより味わい深い豊かなものとしていくために欠くことのできないものである。

　この一節は参議院決議の一部ですが、衆議院でもほぼ同様の決議がされました。そしてこの決議に基づき、2000年が「子ども読書年」と位置づけられました。
　読書活動の衰退は、個々人の「豊かな人生」を損なうだけではなく、一国の将来のありようにも深い懸念を生み出します。子どもだけでなく、大人の「活字離れ」「読書離れ」も社会の活力にもかかわって問われざるをえません。そうしたことに対する日本の立法府の危機認識が2008年の衆・参両院での「国民読書年に関する決議」となり、この決議に基づいて10年が「国民読書年」と定められました。その衆議院決議には、文字・活字文化に対する危機意識が述べられています。次の一節です。

　　我が国においては近年、年齢や性別、職業等を越えて活字離れ、読書離れが進み、読解力や言語力の衰退が我が国の精神文明の変質と社会の劣化を誘引する大きな要因の一つとなりつつあることは否定できない。

　決議は、こうした危機感を背景に、読書に対する国民意識の高まりとその気運のいっそうの発展を目指したものです。
　さらに両決議を挟んで、「読むこと、書くこと」を中心とした「文字・活字」の重要性を基本に「文字・活字文化振興法」（2005年）が制定されました。同法第1条には、「文字・活字文化が、人類が長い歴史の中で蓄積してきた知識及び知恵の継承及び向上、豊かな人間性の涵養並びに健全な民主主義の発達に欠くことのできないもの」という認識が示されています。そして、

学校教育では、「教育の課程の全体を通じて、読む力及び書く力」などの「言語に関する能力」（言語力）の涵養に十分配慮すべきことが規定されています（第3条第3項）。

2-2 読書と言葉の循環関係

「文字・活字」の問題は、「言葉（言語）」の問題であり、「読書」の問題です。読書活動の衰退は、豊かな言語能力を劣化させ、文字・活字文化の衰退へと連動します。それは、国民読書年決議の指摘のように、一国の「精神文明の変質と社会の劣化」を誘引する要因でもあります。それだけに、改めて読書の意義を再確認する必要があると思います。

　読書と「言葉」は、表裏一体の関係にあります。まずは、言葉の獲得なくして読書は困難です。言葉は、「その社会を構成する人びとが思想・意志・感情などを伝え合うための記号として伝統的な慣習に従って用いる音声」（『新明解国語辞典』）です。一つひとつの言葉には、それぞれ意味があり、その言葉を通じて「思想・意志・感情など」を交換している、すなわち、記号としての言葉を介して互いの心と行為のありようを交換しているのです。

　言葉の一つひとつの意味は限定的ですが、その言葉は他の言葉と結合することで文を作り、その文を連ねることで文章を作ります。こうした言葉の結合によって、言葉はより大きな世界を構築するのです。個々バラバラな言葉が、まとまりがある全体像を形作り、その全体像が反射的に個々の言葉に大きな意味を与えるのです。

　読書とは、こうした結合された言葉（文、文章……）を自己の内に取り込む営みです。だから、まずは「言葉」がある。その言葉を使って読書という行為が生まれ、その行為を通じ読み手は「新たな言葉」を獲得していく。それは同時に新たな認識の世界へと自己を導く過程でもあります。

　その過程は、単純なものではありません。新たな言葉がどのような意味をもっているのか、まずはその意味を既知の自分の言葉を使って理解しようとします。しかし同時に、言葉の理解はその言葉にかかわる個人の諸体験と深い関連をもっています。言語社会学者・鈴木孝夫は、「或ることばの「意味」は、その音的形態と結号した個人の知識経験の総体である」[13]と述べています。

　ある言葉の認識度が、その言葉にかかわる個々人の知識や諸体験と関連を

もつことは、容易に推測できます。既知の知識が豊かであれば、新たな言葉の世界を理解しやすく、経験が豊富であれば、言葉の世界を深く実感できるのです。

「夜空いっぱいに輝く星をゆっくり見たこと」がある子どもは、「夜空」「星」という言葉を実感として認識でき、その言葉の受容が容易です。特定の異性に対して、「他の全てを犠牲にしても悔い無いと思い込むような愛情をいだき、常に相手のことを思っては、2人だけでいたい、2人だけの世界を分かちあいたい」という思い（経験）を抱いたことがある人は、「恋愛」という言葉を実感できます。『アンネの日記』には、アンネが「たがいに口もきかず、ただいっしょにすわっているだけでしあわせ」を感じたときのことが記されています。ともに隠れ家に住んでいるペーターという少年に、アンネは「恋」をしたのです。こうした思い（経験）が、「恋」という言葉を実感させるのです。

　読書という営みには、既知の言葉を使い、自己の体験を重ね合わせていく過程が含まれています。その結果として、それ以前とその後の自己との間に変容する自己を発見します。言葉と読書とは相互に関連しながら、循環関係を形成し、子どもを新たな認識の世界（自己変容）へと導くのです。

2-3　読書と想像力

「言葉」にはそれぞれ固有の意味があるのだから、読書という営みは、その言葉に内包されているもろもろの世界を獲得することと同義です。

　本を読んで、うれしくなる、悲しくなる、不安を感じる、感動する……。目の前にあるのは「文字（言葉）」なのに、その文字が心を揺さぶる。すごいことだと思います。それは、文字（言葉）を通して描かれた世界を「想像」するからです。

　人間は、さまざまな外からの刺激、たとえば自分を取り巻く人たち（家族・学校・職場・社会……）の言動、自然の移ろい、社会の変化、さらにはさまざまなメディア（媒体）から発信される情報……、それらによって多くのことに思いをめぐらせます。「本」（読書）もまた読み手に多くの思いをめぐらせる、多様な世界を想像させる媒体です。文字（言葉）を通じて、人々の喜ぶ姿も悲しむ姿も思い描き、想像することができるのです。

　テレビや映画の世界には、色があり形があり、そして音もあります。しか

し、その世界は見る人とは違う人によって創られた世界であり、その世界が画面に映るのです。しかし読書はそれとは異なります。目の前にあるのは文字（言葉）であり、それには、色も形も音もないのです。しかし、その文字（言葉）を連ねることで、その文字が読み手の心を揺さぶります。しかも、読み手の心模様に合わせて、さまざまな形で揺さぶります。心のなかに色も形も思い浮かばせ、心に音を届けるのです。それこそが「想像力」です。読書は、その想像力をかき立てるきわめて優れた精神活動なのです。

2011年に滋賀県大津市で、中学2年生の男子生徒がいじめを苦に自殺したとされる事件が起きました。このとき、「朝日新聞」は、「いじめている君へ」というタイトルで、さまざまな人の思い（メッセージ）を掲載しました。12年8月17日に、あるタレント（春名風花）の「君、想像したことある？」という文章が載りました。1,000字くらいのメッセージです。そのなかに、次のような一節があります。

> いじめは、いじめる子に想像力を持ってもらうことでしか止まらない。（略）想像してください。君があざ笑った子がはじめて立った日、はじめて歩いた日、はじめて笑った日、うれしくて泣いたり笑ったりした人たちの姿を。君がキモいウザいと思った人を、世界中の誰よりも、自分の命にかえても、愛している人たちのことを。
>
> そして、その人たちと同じように笑ったり泣いたりして君を育ててきた、君のお父さんやお母さんが、今の君を見てどう思うのか。

「朝日新聞」は、この大津事件を機に、「いじめられている君へ」「いじめている君へ」「いじめを見ている君へ」と、いじめにかかわる「三者」へのメッセージを載せましたが、このメッセージは、「想像力」の視点から「いじめ」の問題に向き合っています。

本には、喜びもつらさもさまざまな心模様が描かれています。本を読むことで、自分以外の人の喜びも悲しみも感じることができます。「痛い」というその肉体感覚は、「痛い」人にしかわかりませんが、その「痛み」を想像することはできます。自分が経験する「痛み」は少なくても、本の世界には多様な「痛み」や「傷ついた人」が描かれています。文字（言葉）を通して、その「痛み」や「傷つき」を想像することができます。そして、その対極と

しての「愛情」の世界も……。

　人間は一人では生きていけない。「共」に生きること、すなわち「共生」は人間を含めた生物の根源的ありようです。その共生とは、「生あるものは、互いにその存在を認め合って、ともに生きるべきこと」(『新明解国語辞典』)です。しかし、個々の存在としての人間が共生するには、他者の思いを自己の思いとして受容し合うことが不可欠です。想像力が必要です。「認め合う」という営為は精神活動なのだから、他者の命や生、そして思いに対する想像力を欠いては、「認め合い」（共生）は生じにくいのです。共生観念は、想像力を媒介として成り立ちうるのです。「いじめ」は、その共生観念が希薄なことによって生じる、想像力の欠如が一因です。

　子どもに人気の「ズッコケ3人組」シリーズの児童文学作家・那須正幹は広島での被爆体験者です。ある新聞（「朝日新聞」2014年11月28日付）で、「戦争や原爆を語るには、いろんな選択肢や広がりを持っておいたほうがいい。児童文学もその一つと思う」と児童文学の役割を論じたあと、次のように述べています。「核といのちを考える　被爆国から2014秋」というシリーズのなかでの一節です。

　　　物語は「想像力」をかき立てます。戦争や被爆について直接知らなくても、物語を読めば体験した気持ちになるかも。そして、子どもたちが「自分だったらどう行動するか」と考えるようになってくれれば、僕の仕事は大成功じゃろね。

　3歳の那須は、爆心から3キロほど離れた家で被爆。那須と母親は、「縁側の端っこの戸袋の陰に」いたので熱線を直接浴びなかったが、教員だった父親は職員室で被爆。「『頭がかゆい』と言うから見ると、小さなガラス片が頭皮にめり込んでいた。それをピンセットでつまみ出すのが僕の仕事」だったと、同紙で語っています。

　70年前の原爆も戦争も、本を読むことで、その事実（時代と状況）に近づくことができます。そして想像力によって、そのなかで生活をした人々の実相を思い描くことができます。そしてさらに、その想像の先に、自分の行動の指針が指し示されることもあるのです。

　絵本『フレデリック』(16)に登場する野ネズミ（フレデリック）は、暗くて寒

い冬の日のために「おひさまのひかり」を、灰色の冬のために「いろ」を、長い冬の間に話が尽きないように「ことば」を集めます。冬がきて食料も尽きる。だが、フレデリックが集めた「ひかり」「いろ」「ことば」は、尽きることなくみんなに楽しく豊かな時をもたらしてくれます。『フレデリック』には、豊かな想像力が生み出す「生きる力」が込められています。

　読書が、想像力を生み出す有力な営為なら、読書はこの世の中を変える力をもっています。読書という営みには、そうした「力」が内在化されているのです。

2-4　読書と自立性

　読書によって得られる「力」は、さらに複合的です。読書は人間的自立を促す大きな役割をもっています。

　読書は、自己発見、自分探しの旅への優れた道案内です。読書は、自分を見つめ、自分の可能性を見いだし、夢や希望に向かって歩む力を与えてくれます。読書は、テレビなどのような一方通行的な情報の受容ではなく、自分の速度と問題意識のなかで、ときには立ち止まり、思考し、批判しながら情報を自己内在化していく精神活動です。その過程には、人間的自立を促す要素がたくさん包み込まれています。

　前述のように、人間はその記号としての「文字（言葉）」を介し、他者と互いの心のありようを交換（コミュニケーション）していて、文字（言葉）は、コミュニケーションの有力な手段です。また同時に、言葉は一人でものを考えたり、感じたりする場合にも無意識のうちに使っていて、自己とのコミュニケーションの手段でもあります。

　その意味で、「文字（言葉）」を読むという行為は、その言葉に包み込まれた世界と自己との対話でもあります。著者を通じて、その世界に登場するさまざまな「人」と対話するのです。特に小説（物語）の場合は登場する人は多様です。自分と等身大の人もいれば、かけ離れた世界の人も登場します。その「人」を通じて、善悪や正義（不義）も、喜びや悲しみも、生きることも死ぬことも、そして愛情の深さやつらさも……。さまざまな「人」に共感し反発し、肯定し否定しながら、多様な世界と対話するのです。読書は、そうした対話を「文字（言葉）」を介して実現していく営みです。その営み（過程）のなかで、自分の考えを問い直し、新たな自分を構築していくので

す。フランスの詩人・小説家のアナトール・フランス（1844—1924）の言葉「私が人生を知ったのは、人と接したからではなく、本と接したからである」は、読書がもたらす人間形成への影響の大きさを語った言葉だと思います。

　考え（思考し）始めたとき、その思考はまだ空漠としています。その空漠とした世界に、形を作り出し、動きを作り出す重要な営みが、文字（言葉）を介した精神活動（読書）です。「文字（言葉）」は思考の道具であり、読書はその「文字（言葉）」を操作して新たな自己を発見する営みです。読むことと思考することは、同時に展開されます。「文字（言葉）」を追いながら、思考しながら自己のありようを問う。この過程こそが、自己を新たな自分へと導いていく過程、自己発見の過程であり、自立への過程なのです。

　人間は、誰もが「自分の主人公は自分」でありたいと思っています。「自」という漢字は、鼻の形をかたどった象形文字です。自分のことを身振り手振りで表す際に、右手の人差し指を「鼻」の頭に突き立てて示すことから、やがて「自」が「自分」という意味を表すようになったのだそうです。[17] その「自」の意味するところは、漢字の成り立ち、語源・語義を解説した辞典によると、「人の指揮をまたず、自身にてするなり」と記してあります。[18]

　この「自」を含む漢字は非常に多くあります。自立、自主、自治、自由から始まって、自我、自戒、自覚、自省、自律と数多くあります。どれも「人の指揮をまたず、自身にてするなり」ということを、その内に含んでいます。「自」が「自分」を指す以上、「私は」とか「自分は」というときには、自意識を強くもっていると思います。それはまた、自己の存在性を他者（社会的）に主張することにも結び付いています。

　「自分の主人公は自分」（「人の指揮をまたず、自身にてするなり」）でありたい。そのために人間は、「自己発見、自分探しの旅」をするのです。その「旅」への道案内の一つが本です。読書を通して「人の指揮をまたず、自身にてする」ことのできる自己を培うのです。そしてその「旅」は、生涯にわたって続いていく旅です。教育基本法がいう教育の目標としての「人格の完成」（第1条）は、そうした自己形成への道程です。その道程で、人間はときには、人生を変えるような「一冊」の本に出合うこともあるのです。

　「朝日新聞」2012年7月14日付の「be between 読者とつくる」に、「人生を変えた本と出会いましたか」というアンケートの調査結果が載っています。

回答者数は3,038人なので、大規模な調査ではありませんが、「読書の力を知りたくて」尋ねた興味深い調査です。
　その問いに対し、「はい」と答えた人が42%いました。5人に2人は一冊の本との出合いで「人生が変わった」経験があるというのです。そして、その本を読んだのは「10代以下」が44%で、ジャンルは小説が圧倒的（563人）でした。そして、影響を受けた内容の上位3点は、「生き方の目標を見つけた」（470人）、「新しい発想に気づいた」（264人）、「未踏の分野にはまった」（200人）となっています。本が、新たな自己確立、自己形成につながっているのです。反対に、問いに対し「いいえ」と答えた人は58%でしたが、その理由は「たまたま出会っていない」（833人）が圧倒的でした。これから「出会う」かもしれないのです。これから出合う本が、その人の人生を変えるかもしれないのです。
　調査は異なりますが、先に紹介した「子どもの読書活動の実態とその影響・効果に関する調査研究」では、「好きな本」や「忘れられない本」の有無についての質問があります。成人調査では、「好きな本」や「忘れられない本」がある人が、全体の50.3%を占めていて、その本に出合った時期の約43%が高校生までです。そして、前述のように、「好きな本」や「忘れられない本」との出合いと読書活動の豊富さとは相関関係にあり、また子どもの頃の読書活動が多いほど、未来志向性や自己肯定性が高くなっています。特に子どもの頃の読書が、その後の人生に大きな影響を与えています。ときには一冊の「本」が、その人の人生を変える力をもっているのです。
　もちろん、映画やテレビなどからも大きな影響を受けます。先の「人生を変えた本と出会いましたか」のアンケートでも、「本」以外のジャンルでは、映画（196人）、テレビ番組（138人）があがっています。その映画やテレビなどは、文字ではわかりにくいものを簡潔に素早く入手できるという利点がありますが、その入手の速度は受け手に合わせてくれるわけではありません。受け手の理解の程度、思索の過程にかかわらず、情報は一方的に送られます。そのため、こうした情報の入手は、受け手を受動的にさせがちです。他方、文字（活字）の場合は、その伝達の速度は受け手（読み手）が決めるため、自分流の感動と思索の過程をたどりながら情報を入手できます。そのため、文字（活字）による情報入手は、受け手の自立的・能動的立場を保ちやすいのです。それだけに、自己形成の重要な時期を過ごす世代（子ども期）にと

っては、文字（活字）を介した読書という営みはきわめて重要です。

　人間は、誰しも悩み、苦しみ、そして喜びを感じます。さまざまな事柄（自然現象、社会的事柄、人間関係……）に興味・関心をもち、疑問をもちます。それらは、次への飛翔の「ばね」であり、その「ばね」がより大きな飛翔を生み出します。読書は、そうした「ばね」の役割を担いながら、一人の人間の自立を支援し、自己形成を図っていく営みなのです。

2-5　読書と情報獲得

　読書は、情報を獲得する有力な手段でもあります。その情報が後世に伝達されるには、文字（さらには絵画など）の誕生とその文字が何らかの物理的実態（媒体）に記録されることが必要です。そして、文字が「紙」という移動可能な媒体に記録され、印刷という手法に裏打ちされることで、情報は広く社会に流布されることになりました。情報の社会的共有です。

　もちろん情報は、物理的実態への記録だけによって伝達されるわけではありません。日々の会話はもちろん、講義・講演・説明（話）などはしばしば、物理的実態を介さない形での情報伝達であり、それ自体有力なコミュニケーションの一手段です。しかし「紙」という媒体を介した情報の獲得は、時間的・空間的制約を排する点で、会話などによる情報の獲得とは大きくその性格を異にしています。

　その「紙」メディアの代表は、印刷メディアとしての「本」（書物）です。本は、社会に流通している情報媒体のなかで、老若男女を問わず利用でき、その利用に際しては特別の機器を必要としない稀有な媒体です。それだけに「本」というメディアは、情報入手を可能にする最も基本的で普遍的要件を備えた媒体です。そして、その本には文化的遺産としての情報だけでなく、最新の情報も多々網羅されているのです。

　学校教育を含めて、「学ぶ」という営みの多くは情報の入手過程そのものです。教科書を読む、辞書を引く、地図で調べる、いや何よりも先生の説明（話）を聞く、こうした「学び」の過程は、情報（知識）の入手過程そのものです。

　「昆虫の足は6本ある」。それは、（昆虫を）実際に見たり、図鑑を見たり、あるいは聞いたことから得た情報です。その6本の謎を知りたいと考えた子どもが、先生や親や友人に聞く、あるいは自ら本（図鑑や百科事典など）で

調べるという営みは、新たな情報を獲得する営みです。次の3点も同様です。
①新しい言葉や漢字を学ぶ、その言葉や漢字を使い自分の考えを表現する。情報の獲得と情報の発信です。
②算数で分数と小数の関係を学ぶ、その分数（小数）を日常生活で活用する。情報の獲得とその応用です。
③体育の時間に跳び箱の跳び方を習う、他の人の跳び方を見ている、そして自分で跳ぶ。情報の獲得とその確認、そして実践です。
「学び」は、こうした情報との日常的な向き合いのなかにあるのです。

　その「学び」は、文化的価値（情報）の獲得とそれをもとにした新たな文化の創造ですが、その文化的価値の多くは、本（紙）というメディアに内蔵されています。そのため、人類が生み出した文化的価値の獲得、いわば「学び」の多くは、本を読むこと（情報を入手すること）と深くかかわっています。

　ユネスコが1985年に採択した宣言に、「学習権宣言」があります。そこでは、子どもの成長・発達にかかわる重要な権利を提起しています。それはまた、読書とも深いかかわりをもつものです。宣言は次のように述べています。

　　学習権とは、
　　読み、書く権利であり、
　　質問し、分析する権利であり、
　　想像し、創造する権利であり、
　　自分自身の世界を読みとり、歴史をつづる権利であり、
　　教育の手だて（resources）を得る権利であり、
　　個人および集団の力量を発達させる権利である。[19]

「読む」という営為は、文字や図という記号を通じて、多様な情報を獲得する行為であり、「学習権」の内実を形成する重要な営みです。その営みが、想像し、創造し、自分を読み取り、歴史をつづることへとつながるのです。
　一人の人間が経験を通じて知りうることには限界があり、記憶を重ねることにも限度があります。しかし、森羅万象が書きつづられた本に触れることで、時間と空間を超えた無限の世界に触れることができます。また本を手にすることで、現代という時代を、地域も国境も超えて認識することが可能に

なります。人間は読書を介した情報入手によって、自分にも社会にも、そして世界にも近づくことが可能になるのです。

2-6　楽しみとしての読書

　読書は楽しみであり好奇心を誘う手段です。子どもが一心に本に向かっている、ときには食事も遊びも忘れて一心不乱に本を読んでいる。本を読むことが楽しく感動を誘うからです。子どもが親の語りを熱心に聞くのも、読み聞かせに目を大きくするのも、本の魅力が、子どもを引き付けるからです。本を読むことは、その著者と対話してその著者の思いに触れることです。そして心が揺り動かされるのです。読み手に表れるその心の変化こそが読書の魅力なのです。もし読書に心の震えを感じないなら、子どもはあのじっとした時間を過ごすことはできないはずです。

　子どもだけでなく、読書に時を忘れ我を忘れた経験をもつ大人も多いと思います。程度の差はあれ、多くの人にとって読書は楽しみの手段です。その楽しみは、物語性豊かな筋道に誘い込まれたり、強い感動や共感に揺さぶられたり、本の世界からさまざまな人生を垣間見たりすることなどによってもたらされます。

　多くの人を魅了してやまない読書の大きな魅力。それは、読書それ自体が楽しいからです。「読書は楽しみだ！」。読書の最大の意義だと思います。

　その読書とかかわり、公共図書館もまた住民の読書と深い関連をもっています。その公共図書館のことを規定した法律に図書館法があります。その第2条には、この法律でいう図書館の目的が規定されています。「教養、調査研究、レクリエーション等に資する」という規定がそれです。戦前の図書館法規だった図書館令（1933年）が、「教養及学術研究ニ資スル」（第1条）ことを図書館の目的と規定していたのと比較すると、両者には大きな違いがあります。「レクリエーション」に資することが図書館の目的に付加された点です。

　この法律は戦後5年目（1950年）に制定されましたが、この規定だけでも、戦後の新しい時代の息吹を垣間見ることができます。戦前は、軍国主義一色のなかで、図書館も「国民教化の機関」「国策浸透の機関」と位置づけられました。町中に「欲しがりません勝つまでは」「ぜいたくは敵だ」などのポスターが貼られ、本を読むことも「軍国」に特化されていきました。そして

図書館も、「楽しみ」の場からはかけ離れたところにありました。

　そうしたことを思うと、図書館の目的に「レクリエーション」が加わったことは画期的なことであり、戦後という時代の新しさ、解放性を感じさせる規定です。読書は楽しみであり、図書館はその楽しみを保障する社会的装置の一つである、そうしたことを明確にしたのが図書館法なのです。「新しい図書館」(21)を象徴する目的規定です。

　「読書は楽しみ」である。それは、前述した「子どもの読書活動の実態とその影響・効果に関する調査研究」の結果からも見ることができます。「読書が好きですか」という問いに、「とても好き、わりと好き」と答えた割合は、中学生67.0％、高校生59.7％、成人60.0％に達しています。そして成人調査では、「本を読む理由」の上位2つを「読書は面白いから」「楽しむことができるから」が占めています。両者を合わせると、20代39.2％、30代36.7％、40代37.9％、50代38.0％、60代36.0％です。本を読むことは「楽しい」ことです。だから、読書が好きなのです。

　その「楽しみ」は、人間が成長するために不可欠な要素でもあります。本来、「レクリエーション」（recreation、名詞形）という言葉には「休養、保養、気晴らし」などの意味があり、その動詞形である「recreate」には、「を元気づける、休養させる、に英気を養わせる」の意味があります。また同じつづりのもう1つの「recreation」（名詞形）には「改造」の意味が、そして「recreate」（動詞形）には、「改造する、作り直す」(22)の意味があります。こうした語義を思うにつけ、レクリエーションは、人間を元気づけ、英気を養い、新たな地歩へと個々人を変えていく力をもっているのです。図書館は、その機能の発揮を通じて図書館利用者たる市民に「力」を与えるのです。その「力」は、成長・発達の個体としての子どもにとってはなおいっそう重要な「力」なのです。

　かつてアメリカ議会は、1989年を「青少年読書年」とする決議をおこない、それを受けて大統領ロナルド・レーガンは、「「青少年読書年」に関する大統領宣言」(23)を発表しました。その宣言は、読書の意義について多面的に論じています。

　まず冒頭で、読書が子どもにとって「こよなき楽しみをもたらす営みの一つ」であることを述べたあと、「読書は世の中への好奇心を誘い、人々への共感を拡げ」る手がかりを提供すると述べています。そして、「読書とは冒

険、歴史、伝統文化、そしてはるかなフロンティアが織りなす未知の領域への心躍る生涯の旅路である」とも述べています。

「未知の領域への心躍る生涯の旅路」は、何よりも楽しみや好奇心とセットです。一心不乱な理由は、「未知の領域への心躍る生涯の旅路」を歩んでいるからです。ドキドキ、ワクワクしながら、その次はその次はと、はやる気持ちとともに「旅路」を歩んでいるのです。楽しい「旅路」です。

こうした「旅路」は、子どもにとっては内面的成長を支援し自己変革を促す営みです。日常の学校教育は、子どもの内に生じる疑問や興味にはたらきかけ、それを大きくし、その解決・発展を図ることで強い生彩を放つようになります。「学習とは本来人間にとって基本的な、探究的な活動」であり、「子どもというものは好奇心と探究心に満ちあふれている存在」[24]である以上、子どもにとってはこのような疑問や興味の発展と解決への過程は学習の過程そのものでもあります。

その疑問や興味との向き合いは、「未知の領域への心躍る生涯の旅路」へと導いてくれます。疑問や興味の解決、さらに拡大は、子どもをさらに成長させる原動力です。その原動力は「楽しみ」と同居しています。読書がもたらす「楽しみ」が、その原動力をいっそう力強いものにし、子どもを育てていくのです。

2-7　民主主義の母体としての読書

アメリカ議会はアメリカの民主主義を守る基盤として1987年を「読書推進年」と決議し、レーガン大統領も直ちにこれに署名し、文盲解消、識字率低下の防止などを含む広範な読書運動を展開しました。こうした運動を生み出す推進力となったある報告書（Books in Our Future、1984年）には、「われわれの民主主義は図書と読書の上に打ち建てられている」[25]という言葉が刻まれています。

アメリカは、さらにその2年後（1989年）を、前述のように「青少年読書年」としました。これを機に出された大統領宣言は、いまほどアメリカは「我らの自由と知性の伝統を深く心に刻み、それを擁護する意思をもった、教養ある賢明な市民」を必要としているときはない、そして読書はそうした市民を育てるのに「計り知れぬ奉仕」をしていると述べています。

バーナ・L・パンジトア『公共図書館の運営原理』（根本彰／小田光宏／堀

川照代訳、勁草書房、1993年）という本があります。この本を翻訳した根本彰（慶應義塾大学教授）は、そのなかに、「well-informed citizenry」という言葉が何度か出てくるとして、その意味について次のように述べています。先の大統領宣言にある「教養ある賢明な市民」とも関連していると思われます。

> well-informed というのは、たくさんの情報を受けながらも必要なものをうまく受けとめることができる、あるいは主体的に情報を利用できることを意味する。受動形の表現であるが、図書館の存在意義は自分で判断ができる、自分なりの政治的判断ができる市民を育成することであり、また、そうした市民によって図書館は利用されるのだという見方である。[26]

そして、合衆国第4代大統領ジェームズ・マディソン（1751—1836）が1822年に書簡に残した言葉を引用して、この書簡の言葉には「図書館はアメリカの建国期以来、見識ある市民を育成する重要な働きをする場であるという概念がそこに込められている」と解説を加えています。ジェームズ・マディソンの言葉とは、次のものです。

> 人民が情報を持たず、情報を獲得するすべを持たない人民の政府は、喜劇か悲劇、あるいはその双方への序章でしかない。知は常に無知を統治するものであり、みずからの統治者たろうとする人民は知の力で武装しなければならない。[27]

「well-informed citizenry」（見識ある市民）という言葉を目にするにつれ、こうした市民が図書館を支え、図書館はそうした市民を育てる役割を担っている、図書館と市民とは「循環関係」を形成している、という思いを改めて抱きます。

図書館と「教養ある市民」とを結び付けたとき、「実は日本の図書館もそうだ」と思った人もいると思います。何よりも国立国会図書館法は、その前文で、同館の設立の目的について「憲法の誓約する日本の民主化と世界平和」とに寄与すると規定しています。図書館と民主主義とが結び付け規定されています。また、先に紹介した図書館法には、その目的規定に「教養」が

掲げられています（第2条）。さらに学校図書館法もその目的の一つに「児童生徒の健全な教養を育成する」（第2条）と規定しています。ただ日本では、「教養」を、統治の主体者を育成することに結び付けて理解しようとする観念は乏しかったように思います。「教養」概念は、「学問・芸術」「文化」などと結び付けて理解されましたが、統治の主体たる「主権者」の形成との結び付きは、希薄だったように思います。

　しかし教育基本法は、「良識ある公民として必要な政治的教養は、教育上尊重されなければならない」（第14条第1項）と規定しています。教育基本法が規定する分野には、学校教育はもちろん社会教育も含まれています。そして、その社会教育の基本を定めた社会教育法には、社会教育のための機関として「図書館」が規定されています（第9条第1項）。それだけに、図書館（資料）を通じた「政治的教養」の育成は、法が内包していることなのです。
「政治的教養」を培うには、情報の互換性が確立されなければなりません。一方向の情報だけでは「良識ある公民」の育成はできません。それは、「国策遂行」のための機関と化した戦前の日本が、図書館（資料）の統制を通じて「国民思想善導」を図ったことを想起すればよくわかることです。それだけに、図書館には質量ともに多様な情報が収集されることが重要なのです。市民は、その情報を入手して自己の「政治的教養」を培うことができます。その意味で、図書館は「民主主義社会体制における必然的な構造上のユニット」[28]として、国民主権原理と不可分の関連をもちながら、国民（市民）の参政権機能を実質化していく重要な意義をもっています。

　先に紹介した『子ども・若者白書』では、日本の若者の「社会現象が変えられるかもしれない」という意識は、調査対象7カ国中最も低いものでした。しかし、前述の「子どもの読書活動の実態とその影響・効果に関する調査研究」では、子どもの頃に読書活動が多い成人、あるいは就学前から中学時代までに読書活動が多い中学生・高校生ほど、「市民性」に関する現在の意識・能力が高いという結果が出ています。その市民性には、「政治・社会的論争に関して自分の意見を持ち論議する」ことも含まれています。

　特に、今日「政治的教養」の育成は重要な政治的課題として登場しています。選挙権年齢を20歳以上から18歳以上に引き下げる改正公職選挙法が2015年6月17日に参議院本会議で可決・成立しました。16年の夏の参議院選挙から適用され、約240万人の18歳・19歳が新たな有権者になります。

「政治離れ」がいわれ、投票率も50％を切りかねない国政選挙がおこなわれるなか、「若者」の政治参加を確保するためには、若者の「政治的教養」の育成がこれまで以上に重要な課題になってきます。若者が政治から身を引かないようにするには、学校教育も含めて日常的に「政治的教養」の育成が求められることになります。「賢明な市民」の育成がより重要な課題になるのです。前述した「われわれの民主主義は図書と読書の上に打ち建てられている」というアメリカでの標語を改めて引き寄せてみると、読書を通じた「政治的教養」の重要性をさらに検討する必要があると思います。

　読書を通じた「政治的教養」の育成、民主主義を支える読書の意義、それらが、さらに読書の重要さを教えてくれます。読書によって培われたこうした「教養」が、賢明な主権者たる国民を生み育て、日本の民主主義を根底で支えることになるのです。そのため、子どもが本を読まないという現実は、子どもの成長・発達を疎外し、健全な国民の育成を困難にするのです。そうした認識を国民全体で共有することは、子どもの読書環境を整備する際に重要なことだと思います。

3　読書環境の整備

3-1　子どもの読書の変化

　本章の最後に、子どもの読書環境の変化と「選書」の問題を論じたいと思います[29]。

　子どもをめぐる読書環境は多様化しています。その背後には、高度情報化社会のなかでの情報環境の構造的変化があると思います。たとえば、メディアの流通状況を見ても、活字媒体の地位は相対的に低下しています。単行本の出版状況は、新刊の出版点数こそこの10年、約7万点後半から8万点前半を維持していますが、平均定価は低くなり、書籍と雑誌を合わせた実売金額はほぼマイナスを続けています[30]。それに比べて電子メディアの成長には著しいものがあります。

　またメディア環境に大きな変化をもたらしている携帯電話の契約数は、2000年度末には6,094万件だったのが10年度末には1億1,954万件にまで増加しています[31]。その携帯電話（スマートフォン）は、子どもの生活をも変えよ

うとしています。

「女子高校生がスマートフォン（スマホ）や携帯電話を使う時間は1日平均7時間」。そんな実態調査の結果を情報セキュリティー会社（デジタルアーツ）が発表しました（「朝日新聞デジタル」2015年2月10日付）。小学校4年生から高校生までの男女と、小学校3年生までの子どもがいる親の合計1,213人を対象に、2015年1月に調査した結果です。4人に1人は午前0時から3時という深夜にも使っていると回答していて、男子高校生や中学生と比べて女子高生の長時間利用ぶりが突出しているそうです。

また、総務省も都立の全日制と定時制の高校154校（有効回答数は合計1万5,191人）を対象に、高校生のスマホの利用状況などについて調査しています[32]（調査期間は、2014年1月7日から31日まで）。それによると、1日の利用時間は、利用者全体の平均ではスマートフォンとフィーチャーフォンが161.9分と圧倒的に長く、男女別に見ると、パソコンとタブレットについては男子が、スマートフォンとフィーチャーフォンについては女子が長くなっています。特にスマートフォンとフィーチャーフォンの利用時間は、女子が186.9分に対して男子が132.8分と、女子が顕著に長いという結果になっています。また、スマートフォンを利用し始めたことで、日常生活で時間が減った活動を尋ねると、全体では、「睡眠時間」（40.7％）、「勉強の時間」（34.1％）、「テレビを見る時間」（27.8％）などの該当率が高くなっています。

またインターネットの利用も飛躍的に増大し、2000年度末から10年度末の10年間の推移を見ると、利用者数で4,708万人から9,462万人に、人口普及率も37.1％から78.2％へと急増しています[33]。

これらの変化は、子どもが接するメディアの多様化に結び付いています。情報の入手方法が活字（印刷）メディアに限定されず、他のメディアを含めて拡散化する傾向にあります。そして、メディアの相違は、ときには情報の質的変化を伴うこともあり、子どもの「心の内」の形成は、子どもがどのようなメディアと接するかによって異なることがあります。読書の問題も、こうしたメディア環境の構造的変化を前提にしながら考えることが必要になってくると思います。

3-2　選書とかかわって──「良書」「適書」

こうした子どもの読書環境のもとで、子どもの読書に対する学校図書館の

向き合い方は一様ではありません。

　学校も現実社会のなかの営みである以上、そこには多様な価値観が入り込みます。子ども自身もその保護者も、そして教師自身も社会の多様な価値観のるつぼのなかで生きています。さらに、メディアの多様化は、同時に情報量の増大をも生み出します。子どもの学習の素材としての教材が、「子どもの発達段階に応じて選択された知的文化財」であっても、子どもはそれ以外の多くの情報（文化財）のなかで生活しています。そのために、「心身ともに健康な国民の育成」（教育基本法第1条）、あるいは「児童生徒の健全な教養の育成」（学校図書館法第2条）も、そうした情報環境から大きな影響を受けることになるのです。

　学校図書館は「健全な教養の育成」とかかわり、子どもに「いい」本を読ませたいと思います。しかしこうした学校図書館の思いと子どもの読書要求との間に乖離があることは否めません。

　しかし「健全な教養」が、いわゆる「良書」によってだけ育成されるものでないことも明らかだと思います。教師は「心に残り、感動的な」本を子どもに読ませたいと思いますが、どの本が「心に残り、感動する」かは一様ではありません。「本」は、著者の思想の体現物だから、「心に残ったり、感動したり」するという心的状況は、そうした著者の思想に触れることと深いかかわりをもっています。そして、「心に残り、感動する」という心の震えは、読み手の心的状況、さらには生活体験などにも大きく起因しています。

　そのため今日、多くの学校図書館では、選書にあたってはいわゆる「良書主義」にだけ依拠しているわけではないようです。たとえば、司書教諭講習用のテキストにも、小学校に関しては「選択する際には、（略）子どもの実態をつかみ、できるだけ子どもの要求に対応できるように心掛ける」「できるだけ子どもの共感をよぶ本を念頭において選択するよう心掛ける」、中学生・高校生に関しては「読みたい本も学校推薦図書とはかなり離れたもの、あるいは一般向きとはいえないような特殊な専門書に興味を示したりするので、収集には幅広い視野が必要である」「学校図書館員は、教師が選書をしたり、推薦図書を挙げるときにとらわれる"教科書至上主義"の呪縛から教師を解放し」(34)、などの記述が見られます。選書に対して、「良書より適書を」「子どもの要求に応える」という立場からの留意事項です。

　さらに読書指導とかかわって、次のような指摘もあります。

読書指導は指導者が「良い本」（良書）を子どもにすすめて行うものだというのは短絡的にすぎる。子どもは良書であっても個性や能力にあった「適書」と出会わなければ読んだ事実だけで終わってしまう。したがって、教員は「子どもの発達にあった適書」を選んで子どもが自ら本に手を伸ばせるように動機づけ指導をすることが大切である。⁽³⁵⁾

　ここにも「適書」の大切さが述べられています。
　こうした選書方法の検討については、国語力について提言した文化審議会答申（「これからの時代に求められる国語力について」⁽³⁶⁾、2004年）のなかでも次のように述べられています。

　　学校図書館の図書の利用が増えないのは、「これを読みなさい」という発想での蔵書構成になっていて、子供たちが本当に「読みたい本」を提供できていないことにもその一因があると考えられる。「良い本」「良くない本」という教職員の判断だけではなく、保護者や子供たちの意向も十分に取り入れることのできるような図書の選定方法を検討することも必要であろう。

3-3　選書の際の留意点

①ニーズの把握

　子どもの成長を促すためにも、学校図書館は極力多様な情報や価値が含まれた資料と共存することが大切だと思います。そして、子どもの要求にどれだけ近づけるかは、個別の学校での選書の仕方に大きく依拠しています。
　それだけに、選書にあたっては、学校図書館の目的を基本に、多様な価値観や多様なジャンルを視野に入れた、いわば複眼的視点をもった選書が必要です。次にその点について略述します。
　第1は、学校図書館担当者は、自校が学校図書館資料に対してどのようなニーズを有しているかをきちんと把握することです。ニーズは、何よりも学校の子どもや教員の日常的な生活や教育的営為のなかにあります。それだけに、ニーズの発掘には、学校の教育や子どものありようを知ることが前提です。

そのニーズには、現在的なニーズもあり将来的なニーズもあります。いま求められている資料を早急に収集することは大事なことですが、教科学習や読書要求として将来的に求められる資料も多々あります。そうした資料を事前に収集しておくことも大事なことです。現在的・将来的、両者のニーズをきちんと把握することが大切です。

　そうしたニーズの一端は、図書館をよく利用する子ども（顕在的利用者）の読書行動、利用行動から一定程度把握することが可能です。しかし、図書館に足をなかなか向けない子ども（潜在的利用者）も大事な利用者です。その子どもは、図書館（資料）にどんなニーズを抱いているか、そうしたニーズも考える必要があります。

　しかしまた、そのニーズ自体は、各学校図書館のサービスのありよう、既存の資料群の内容などによって変化します。利用者に対する適切な対応、ニーズを把握した資料群の構成などは、図書館資料に対するニーズそのものに変化を与えます。ニーズは、固定的ではなく可変的なのです。ニーズに基づく選書とは、こうした自校の内実を理解し、学校図書館への思いを受け止め、そして柔軟性をもったものなのです。

②選書の手順、組織、回数

　第2は、選書の手順などです。ニーズにどれだけ近づけるかは、個別の学校での選書の仕方にも大きく依拠しています。

　選定にあたっては、図書館担当者が一人で選定しないことが大切です。選定に偏りが生じたり各教科や子どものニーズに的確に応えられないことがあるからです。それだけに、複数のメンバーによる選定会議（図書選定委員会など）のような組織を作って選定することがいいと思います。

　選定会議は、司書教諭、学校司書を軸に、他のメンバーをも含めて構成することが望ましいと思います。たとえば小学校の場合は各学年の代表が、中学校・高校の場合は各教科の代表が入ることが考えられます。選書に年代、教科、性別など、多様な「属性」をもった人が参加すると、選択の幅は広がっていきます。

　また子どもの要求が入れば、その幅はいっそう拡大していきます。選書にその学校の生徒（主として図書委員）が積極的にかかわるケースは、高校の図書館では多々見られます。恒常的に購入希望図書のリクエスト制度を採用

していれば、その幅はさらに拡大すると思います。

　選定会議をおこなう際には、事前に教職員（ときには子ども）に購入希望図書の要望をとっておくことも大切なことです。また司書教諭などは、選定に際し、選定に役立つ情報（2次資料としてのツールなど）や教職員や子どもから出されている要求リスト（候補図書リスト）を用意しておくといいと思います。もちろん、メンバー自身が自ら書評を読んだり、目録を見たり、直接書店に出向くなどして資料に関する事前の情報を積極的に入手しておくことは、なお望ましいことです。

　また選定にあたっては、年間の図書館予算を考慮しながら、学校図書館全体の蔵書構成を意識して計画的に選定することが大切です。

　選定会議をどれくらいの頻度で開くかも重要な問題です。年に2回程度という学校が多いようですが、回数はできるだけ多いほうがいいと思います。できるなら月に1回程度は開けたらと思います。特に新刊図書は、極力「鮮度」が高いうちに子どもに届けたいものです。また授業の展開によっては、早期に必要な資料も当然に出てきます。選定の回数を多くすることは、新刊図書を紹介する頻度が多くなることでもあります。年に2回新刊が紹介されるか、毎月紹介されるかでは、図書館に対する興味・関心は大きく異なります。選定の回数を多くすることは、「資料」（しかも「新刊」の資料）を通して学校図書館に目を向けてもらう大きなチャンスです。こまめに回数多く選定の機会をもつことで、学校図書館に対する期待に応えていきたいと思います。

③「自主性、自立性」に基づく選書

　第3は、選書は、学校の「自主性、自立性」のもとにおこなわれるというきわめて当然のことです。2013年に島根県松江市で、市内の小・中学校でマンガ『はだしのゲン』（中沢啓二作）が閉架措置されていることが報じられました（『山陰中央新報』2013年8月16日付）。松江市教育委員会が、同書の描写が過激だとして、松江市の全小・中学校に要請した措置です。

　この措置が、学校図書館に突き付けた問題は、学校図書館の選書に教育行政が関与することの是非でした。松江市教育委員会は、この問題が全国的に広がるなか臨時会議を開いて、閉架措置を求めた市教委事務局の判断は「手続きに不備がある」ため、「要請前の状態に戻すのが妥当」という結論を下

しました。閲覧制限の撤回です（「山陰中央新報」2013年8月27日付）。
　これ以後、「ゲン」の閲覧制限、あるいは自由閲覧を求める陳情が多くの自治体の議会や教育委員会にありました。こうした陳情を受けた議会のなかで、東京都練馬区教育委員会は陳情を審議し、教育委員5人のなかで論議が交わされました。委員長「まとめ」として公表されたその最終結論は、次のようなものでした（2013年12月2日）。

　　　学校図書館における図書の選定、購入、取り扱い、廃棄は、指定有害図書以外の図書については学校の実情に沿って、各学校長の判断のもとに行われるべきものであり、教育委員会が一律に統制を図るべきものではない。(37)

　学校図書館蔵書に対する学校の「自主性・自立性」を尊重した対応です。
　その点、「ユネスコ学校図書館宣言」(38)は、図書館資料への検閲や圧力要求とかかわって、「学校図書館のサービスや蔵書の利用は、国際連合世界人種・自由宣言に基づくものであり、いかなる種類の思想的、政治的、あるいは宗教的な検閲にも、また商業的な圧力にも屈してはならない」と述べています。さらに「学校図書館は、情報がどのような形態あるいは媒体であろうと、学校構成員全員が情報を批判的にとらえ、効果的に利用できるように、学習のためのサービス、図書、情報資源を提供する」とも述べています。
　すなわち「宣言」は、学校図書館を構成員（子ども）が情報を「批判的にとらえ」「効果的に利用」できるための「装置」として位置づけ、そうしたことが達成できるように、思想的・政治的・宗教的な「検閲」や商業的な「圧力」に屈してはならないことを述べたのです。
　選書に対する学校の自主性・自立性が守られることは、子どもが情報を「批判的にとらえ」、学校図書館を「効果的に利用」できるためにも大切なことなのです。
　図書館の命は資料です。それだけに、学校図書館がその機能を十分に発揮できるかどうかは、選書に大きく依拠しています。そのことを念頭に置いて、選書に力を注ぎ、信頼され魅力にあふれた学校図書館を創りたいものです。そのことが、子どもの読書を豊かにしていくのです。

注

(1) 映画『じんじん』（企画・主演：大地康雄、監督：山田大樹）は2013年5月から全国上映。「スローシネマ」（劇場公開だけに頼らず、数年をかけてゆっくりと各地のホールや公共施設で地域上映会をおこなう）方式で、現在（2015年）も全国各地で上映されている。
(2) 「ミリオンぶっく2013年版」トーハン、2013年
(3) シェル・シルヴァスタイン『おおきな木』ほんだきんいちろう訳、篠崎書林、1976年。なお同書は、村上春樹訳で2010年にあすなろ書房からも出版されている。
(4) 「NPOブックスタート Bookstart Japan」(http://www.bookstart.or.jp/about/ayumi.html)［アクセス2015年2月25日］
(5) NPOブックスタート「実施自治体一覧」(http://www.bookstart.or.jp/about/ichiran.php)［アクセス2015年6月9日］
(6) 恵庭市立図書館『あかちゃんの笑顔のために 恵庭市ブックスタート事業』恵庭市図書館、2014年、4ページ
(7) 同書8―10ページ
(8) なお、ブックスタートの影響に関する調査は多いが、その多くはブックスタートを実施している自治体による当該政策の効果の調査である。それに対して、7年間以上ブックスタートに取り組んでいる自治体と取り組んでいない自治体との比較（小学校1年）で、ブックスタートの影響を調査した研究がある。その調査によると、乳児期に親子でブックスタートを体験することで、①子どもの読書時間（頻度）が増加するとともにゲーム従事時間が減少するなど、子どもの生活習慣に影響を及ぼすことが示された、②保護者の図書館利用頻度が高まり、保護者による子どもへの読み聞かせの頻度が高まった、などの結果が示されたという（森俊之／谷出千代子／乙部貴幸／竹内惠子／髙谷理恵子／中井昭夫「ブックスタート経験の有無が子どもの生活習慣や読書環境等に及ぼす影響」「仁愛大学研究紀要 人間学部篇」第10号、2011年、61―67ページ）。
(9) 国立青少年教育振興機構「子どもの読書活動の実態とその影響・効果に関する調査研究 報告書〔概要〕――子どもの頃の読書活動は、豊かな人生への第1歩！」(http://www.niye.go.jp/kanri/upload/editor/72/File/kouhyouhappyou.pdf)［アクセス2015年2月15日］
(10) 全国SLA研究調査部「第57回学校読書調査報告」「学校図書館」2011年11月号、全国学校図書館協議会、37―38ページ

(11)「高校生の心と体の健康に関する調査」(http://www1.odn.ne.jp/youth-study/reserch/2011/gaiyo.pdf)［アクセス2015年2月15日］

(12)内閣府「特集 今を生きる若者の意識――国際比較から見えてくるもの」(http://www8.cao.go.jp/youth/whitepaper/h26gaiyou/tokushu.html)［アクセス2015年2月25日］

(13)鈴木孝夫『ことばと文化』岩波書店、1973年、95ページ

(14)『新明解国語辞典』(第6版)には、「恋愛」の見出し語の語義の一部に、本文に引用した部分が載っている。

(15)アンネ・フランク『アンネの日記 完全版』深町眞理子訳、文藝春秋、1994年、351ページ

(16)レオ・レオニ『フレデリック』谷川俊太郎訳、好学社、1969年

(17)阿辻哲次『部首のはなし――漢字を解剖する』(中公新書)、中央公論新社、2004年、98―99ページ

(18)簡野道明『字源 増補』角川書店、1955年、1587ページ

(19)学習権宣言は、国際教育法研究会編『教育条約集』(三省堂、1987年、189―190ページ)に掲載されている。

(20)1933年には、「国家非常ノ時局ニ当面シ(略)吾人職ニ図書館ニ関係スル者ハ国民教化ノ重責ヲ痛感シ」(第27回全国図書館大会決議〔「図書館雑誌」1933年7月号、日本図書館協会、207ページ〕、あるいは43年には、「国策浸透ノ機関トシテ、或ハ国民再教育ノ機関トシテ」(第81帝国議会衆議院「図書館ノ戦時体制確立ニ関スル決議」〔「図書館雑誌」1943年3月号、日本図書館協会、209ページ〕)などの位置づけのもとに「決議」がされている。

(21)井内慶次郎「図書館とは」、全国学校図書館協議会編『図書館法の解説』明治図書、1954年、36ページ

(22)佐々木達編『新コンサイス英和辞典』三省堂、1976年

(23)同宣言は「学校図書館」1989年4月号(全国学校図書館協議会、11―12ページ)に柳楽宏訳で掲載されている。

(24)堀尾輝久『教育の自由と権利――国民の学習権と教師の責務』(青木現代叢書)、青木書店、1975年、221ページ

(25)酒井悌「現代学校図書館の課題――アメリカの教育資質向上策を読んで」「学校図書館」1987年1月号、全国学校図書館協議会、11ページ

(26)根本彰『情報基盤としての図書館』勁草書房、2002年、36ページ

(27)同書37ページ

(28)椎名六郎／岩猿敏生『図書館概論』(「日本図書館学講座」1)、雄山閣出版、1977年、61ページ

(29) この節は渡邊重夫『学校図書館の力——司書教諭のための11章』(勉誠出版、2013年)の一部(181—186ページ)を加筆・修正して転載している。
(30) 出版年鑑編集部編『出版年鑑2014 ①資料・名簿』出版ニュース社、2014年、300ページ
(31) 矢野恒太記念会編『日本国勢図会 2012/13年版』矢野恒太記念会、2012年、419ページ
(32) 総務省情報通信政策研究所「高校生のスマートフォン・アプリ利用とネット依存傾向に関する調査報告書」(http://www.soumu.go.jp/main_content/000302914.pdf)［アクセス2015年2月22日］。また「勉強時間」や「学力」とかかわり、文部科学省国立教育政策研究所「平成26年度 全国学力・学習状況調査の結果」(〔http://www.nier.go.jp/14chousakekkahoukoku/summaryb.pdf〕［アクセス2015年6月10日］)に興味深いデータがある。それによると、「普段(月〜金曜日)、1日当たりどれくらいの時間、携帯電話やスマートフォンで通話やメール、インターネットをしますか(携帯電話やスマートフォンを使ってゲームをする時間は除く)」という問いに対して、長時間の利用者ほど平均正答率が低くなっている。たとえば小学校国語Aでは、「30分未満」の平均正答率が74.6%であるのに対し、「4時間以上」のそれは62.5%である。中学校の国語Aでは、それぞれ82.0%、73.5%である。他の科目も同様の傾向を示している。
(33) 前掲『日本国勢図会 2012/13年版』420ページ
(34) 赤星隆子編著『読書と豊かな人間性』(「学校図書館実践テキストシリーズ」5)、樹村房、1999年、92—97ページ
(35) 黒古一夫／山本順一編著『読書と豊かな人間性』(「メディア専門職養成シリーズ」4)、学文社、2007年、119ページ
(36) 「これからの時代に求められる国語力について」は、全国学校図書館協議会編『学校図書館・司書教諭講習資料 第7版』(全国学校図書館協議会、2012年、119—127ページ)に所収。
(37) 東京都練馬区教育委員会「平成25年度第23回教育委員会定例会会議録29号」(http://www.city.nerima.tokyo.jp/kusei/gakko/kyoikuiinkai/nitei_h25/ugoki/ugoki2512.files/251202.pdf)［アクセス2015年2月20日］
(38) 「ユネスコ学校図書館宣言」は、「図書館雑誌」2000年3月号(日本図書館協会、170—171ページ)に長倉美恵子／堀川照代訳で掲載されている。原文はウェブサイト(〔http://www.unesco.org/webworld/libraries/manifestos/school_manifesto.html〕［アクセス2015年6月10日］)を参照。

第5章　時代と教育、そして学校図書館
―― 学校図書館機能の変遷から学校図書館を考える

1 「新教育」と学校図書館

1-1 学校教育と学校図書館の不可分性

　日本は2015年で「戦後70年」を迎えました。70年は、悠久の歴史から見れば一瞬にも満たないけれど、近年の日本の平均寿命(1)（2013年）は、男性80.21歳、女性86.61歳です。そのことを思えば、70年は一人の人間の平均寿命（余命）にも匹敵するほどの長い時間です。この長い時間のなか、日本の教育もその節々で大きな変貌を遂げ、そのなかで学校図書館もまた変化を続けてきました。

　教育と時代とは相互関係にあります。教育は時代が生み出した産物であると同時に、時代を生み出す母体でもあります。それだけに、教育はいつもその時代の政治的・経済的・社会的状況と深いかかわりをもっています。あるいは、社会が教育に寄せる期待や社会が時代をどのように描くのか（グランドデザイン）とも深い関連を有しています。

　日本の戦後教育の動向を見ても、歴史的転換に立った戦後初期には、戦前の国家主義的教育に対する反省に基づき、人間性や個性の尊重を基調とする「新教育」が提唱されました。また1955年前後から始まる高度経済成長期には、成長を担う「マンパワー」としての人材を育成する教育に主軸が置かれました。そして、成長神話に終焉を告げた70年代中葉からは、経済主義的視点からの教育論への反省に基づき、「自ら考える力」「生きる力」の育成の必要性が主張されるようになりました。

　学校図書館は、「学校」の図書館であり、「学校教育において欠くことのできない」（学校図書館法第1条）学習環境です。そのため、学校図書館のあり

ようは、その時代の教育と密接不可分の関連にあります。その時代の教育が、子どもに何を伝えようとしているのか（教育内容）、さらにその内容をどのような方法で伝えようとしているのか（教授・学習方法）、そうしたことと学校図書館は深い関連を有しています。

　そこで本章では、それぞれの時代を素描し、それに対応した学校教育の動向を略述し、そうした動向と学校図書館機能とはどのようなかかわりをもってきたのか、その関連性について検討していきます。結果として、戦後の学校図書館の歴史を、不十分ながら解説できればと思います。

1-2　治安立法、国定教科書──国民思想の統制

①治安体制の強化

　敗戦は、新たな歴史をつづる始まりでもありました。しかし、その始まりを前に、国民は「日本は、どうしてこのようになったのだろう」と立ちすくみ、困惑し躊躇しながら日々の生活のなかに投げ込まれたと思います。そして、なぜ日本人は、あの戦争を始めてしまったのか、あるいはなぜあの戦争を抑止できなかったのかという思いに駆られた人も多くいたことと思います。その一つの「回答」が、敗戦の翌年（1946年）に出された文部省の文書に記されています。「新教育指針」という文書です。

　この文書は、戦後教育の歴史的転換期にあたり、戦後の新しい教育の目当てと実行の手立てを示すために出された教師向け文書です。そのなかに、次のような指摘があります。

　　日本国民は、批判的精神に乏しく権威に盲従しやすい。（略）政府は、憲法に保障されているにもかかわらず、言論や思想の自由その他人間の大切な権利を無視して、秘密警察や、拷問を用い、国民は政治を批判する力を失い、「お上」の命令には文句なしに従うようになった。（略）このような態度があったればこそ、無意味な戦争の起るのを防ぐことができず、また戦争が起っても政府と国民との真の協力並びに国民全体の団結ができなかったのである。[2]

「無意味な戦争」を防ぐことができなかったのは、日本国民の「批判的精神の欠如、権威への盲従」などが要因の一つであり、そうした要因は、言論や

思想の自由などの諸権利の侵害、秘密警察（特高警察）や拷問などの治安体制の強化とセットになっていたという指摘です。共産主義者をはじめ、戦争に反対した人、ついには時の政権に批判的なリベラリストをも逮捕・投獄した治安維持法（1925年）は、そうした政治制度を支えた法の典型でした。そうした「為政」は、いまなお多くの人に痛苦の念を思い起こさせています。次の歌は「朝日歌壇」（「朝日新聞」2014年1月20日付）に投稿された短歌です。
「ながき獄父の青春奪ひにし治安維持法ゆめに現はる」
（東京都）　松浦のぶこ

　選者（佐々木幸綱）の「評」には、「亡き父上がかつて思想犯として入獄されたとの添え書きがあった」、もう1人の選者（馬場あき子）の「評」には「作者の父君は昭和期に思想犯として下獄していたと添え書きがある。秘密保護法の成立により、その日々の無念や苦悩が甦ってきたのだ」と、それぞれ記されています。

　1945年10月に同法が廃止されるまでの間、「逮捕者は国内で7万人、朝鮮で2万人以上」(3)にも及びました。そうした抑圧的な治安政策が戦争の防止を困難にさせ、国民をして「「お上」の命令には文句なしに従う」ようにさせたのです。

②国定教科書

　しかし同時に、「批判的精神の欠如、権威への盲従」を生み出した要因は、教育そのものにもありました。唯一絶対的価値を盛り込んだ国定教科書は、「小国民」の育成、戦意の高揚など、神国日本を国民精神に浸透させる有力な媒体（手段）になりました。先の「新教育指針」には、国史の教科書（国定教科書）には「神が国土や山川草木を生んだとか、をろちの尾から剣が出たとか、神風が吹いて敵軍を滅ぼしたとかの神話や伝説が、あたかも歴史的事実であるかのように記されていたのに、生徒はそれを疑うことなく、その真相やその意味をきわめようともしなかった」と書かれています。さらに「日本民族は神の生んだ特別な民族と考え、日本の国土は神の生んだものであるから、決して滅びないと、ほこったのがこの国民的優越感である。そしてついには「八紘為宇(はっこういう)」という美しい言葉のもとに、日本の支配を他の諸国民の上にも及ぼそうとしたのである」(4)とも書かれています。神国日本、神州不滅、神風、神兵という精神風土を生み出した背景には、こうした唯一絶対

的価値をもった教科書があったのです。こうして、国定教科書は、国民思想を画一化させる重要な役割を担っていました。

　特に国民学校令（1941年）が施行されたあとの中心教科は「国民科」ですが、その国民科の目的は、「国体の精華を明らかにし、国民精神を涵養し、皇国の使命を自覚せしめる$^{(5)}$」ことにありました。そして、その「使命の自覚」は、国定教科書を軸とした日々の教育を通じておこなわれ、その背後にいる保護者や地域住民にも影響を与えました。その意味で、国定教科書は「皇国民」「銃後の民」の教科書であり、すべての国民の思想統制の手段でもあったのです。

　戦争は、言うまでもなく自然現象（災害）ではありません。その時代のなかで生み出された政治的政策であり、人間的（人為的）所業です。カール・フォン・クラウゼヴィッツ（1780—1831）の『戦争論』にもあるように、「戦争は政治におけるとは異なる手段をもってする政治の継続$^{(6)}$」そのものです。そのため、その政策（所業）には始まり（開始）があり終わり（終結）があります。治安立法による思想・表現の抑圧と教育の権力統制による国民の画一的思想形成は、そうした開始を準備し終結にいたるまでの過程を担保するものでした。

「戦後70年」の時を経て、あの「無意味な戦争」（「新教育指針」）は、「あの時代の教育」と深く関連していただけに、その開始から終結にいたるまでの政策（所業）を改めて問い、考え直してみることは、教育にとっても大切なことだと思います。

1-3　新教育──「自ら考え自ら判断」

①「墨塗り教科書」から始まった戦後教育

「新たな歴史」は、過去を批判・総括し、そのうえに立った未来の創造でもあります。特に歴史的転換期は、そうした創造の過程と深く対面するときでもあります。70年前、未曾有の歴史的地点に立った日本の教育もまた、新たな歴史の創造という課題と対面しました。

　その戦後教育は、戦前の国家主義的教育との決別から始まりました。敗戦直後（1945年9月15日）、文部省から「新日本建設の教育方針」が発表されましたが、そこには、新教育の方針として軍国的思想や施策の払拭、国民の教養の向上、科学的思考力の涵養、平和愛好の信念の養成、などが掲げられて

いました。また1945年末までには、教育に関する連合国の指令も出されました。そこには、中央集権的な教育行政の廃止、修身・歴史・地理の教科の停止、国家と神道との関係の断絶、などが含まれていました。また同年10月には、治安維持法も廃止され、思想犯罪への対処を目的とした特別高等警察（特高）も解散を命じられました。敗戦とともに、「青空教室」（戦災で校舎が焼失したため校庭などで授業がおこなわれた）での授業も含めて、新しい教育が動き始めました。

　それは、国定教科書との決別をも意味するものでした。その決別は「墨塗り教科書」で始まりました。国定教科書に代わる新しい教科書がなかったため、文部省は戦後直ちに、全国の小学校に戦時教材などの削除を指示し、それに基づいて全国の小学校では教科書記述に墨が塗られました。「墨塗り」を指導した教師たちは、先日までその教科書に記された「唯一絶対的価値」を教壇から教えていた教師でした。

　「原罪」と「ゆるし」をテーマとした名作『氷点』（朝日新聞社、1965年）が世に出て2014年で50年を迎えました。その作者・三浦綾子（1922―99）は、敗戦の8月15日、北海道歌志内の神威尋常高等小学校で教員をしていました。満17歳になる前に教員になり23歳で敗戦、純粋で情熱的な聖戦を妄信する教師でもありました。そして、敗戦後は他の教師と同様に「墨塗り」を指示する教師になります。三浦の自伝的小説『道ありき』に、その墨塗りの場面が具体的に記されています。

> 「さあ、墨を磨るんですよ」（略）「第1ページの2行目から5行目まで墨で消してください」　そう言った時、わたしはこらえきれずに涙をこぼした。（略）生徒たちは、黙々とわたしの言葉に従って、墨を塗っている。誰も、何も言わない。修身の本が終わると、国語の本を出させる。墨をぬる子供たちの姿をながめながら、わたしの心は定まっていた。（わたしはもう教壇に立つ資格はない。近い将来に1日も早く、教師をやめよう）[7]

　そして三浦は、敗戦の翌年3月、7年間の教師生活に別れを告げました。

②「新教育指針」（文部省、1946年）が示した道

教師としての自分はどう歩むべきなのか、何を教えたらいいのか、どんな子どもを育てるべきなのか。八紘一宇の虚構性、現人神の「人間宣言」、戦時報道の虚報、廃墟と化した広島・長崎・東京、沖縄の惨状……。そして何よりも膨大な数の戦死者・戦争被害者。さらに日々の生活困難……。戦後の大混乱のなかで、今後の生き方を定められずに教壇に立っていた教師は、多数いたと思います。

　前述した「新教育指針」は、三浦綾子が教壇から去った1946年の5月に出されました。日本を占領した連合国の「指導」を受けながら出された文書ですが、そこには、新しい日本の教育の方向性、育てるべき人間像、人間一人ひとりを大切にすることの重要性が丁寧に説明されていました。戦後の価値観の大転換のなかで、教育者の「手引」として刊行されたこの文書は、多くの教師にとっての道標、一筋の光明を示したと思います。

　以下に同文書の概略を紹介します。紹介する部分は、同文書の「第1部前ぺん　新日本建設の根本問題」のなかの「人間性・人格・個性の尊重」（第3章）で述べられている個所[8]です。

　まず第1には、その土台として「人間性の尊重」が掲げられています。「人間には、真理とか善とか美しさとか聖なるものといった貴いものを求める精神がある。この精神をもって文化を創り出していくのが人間の人間たる本性（人間性）である。その人間性を尊重することは、何か他の目的の手段として必要なのではなく、それ自身が目的である。そのためには、生命を大切にすること、自由を与えることである。生命を粗末にしたのでは人間性はなくなってしまう。また自由を与えられることは、人間が人間らしく生活するための根本条件であり最も大切な権利である」

　第2には、「人格を平等に尊重」することが掲げられています。「人間は、内にある自らの力（自由な意思と責任）で、これらのはたらきを統一して機能させることができる。これが人間の人間たる資格であり、人格と呼ばれるものである。そして、人格においてすべての人は平等である。子どもに対しても、できるだけ自ら考え自ら判断して行動し、自ら責任を負ってその役目を果たし、他の人々と協同してやっていくように教えしつけて、一歩一歩人格を完成するように育てていくのが教育の仕事である」

　第3には、「個性の尊重」が掲げられています。「人間は、各人が他の人とは区別される個性をもっている。相互の長所と短所を補い合うことで、社会

生活での分業と協同が成り立つ。そのため、これからの教育は、各人の個性を完成することを第一の目標としなければならない。個性は社会の一員としての人間が、その地位でその役割を果たすために必要な性質を意味する。国や家での自分の地位や他の人々との関係を自覚し、進んで自分の役割を果たすところの立派な国民、立派な家族は、個性の完成によってはじめてできるのである」

ここには、その半年後（1946年11月3日）に公布される日本国憲法の人権条項の「基本」が提示されているように思います。その日本国憲法は、次のように規定しています。

　　(1) すべて国民は、個人として尊重される（第13条）
　　(2) 生命、自由及び幸福追求に対する国民の権利については（略）、最大の尊重を必要とする（第13条）
　　(3) すべて国民は、法の下に平等である（第14条）

さらに「新教育指針」には、これからのあるべき教育像が、次のように記されています。

　　教育においても、教師が教えるところに生徒が無批判的に従うのではなく、生徒が自ら考え自ら判断し、自由な意思をもって自ら真実と信ずる道を進むようにしつけることが大切である。[9]

人間性・人格・個性の尊重を基本に、「自ら考え自ら判断し、自由な意思」をもった子どもを育てることが、日本再生のためには不可欠という指摘であり、人権を基本に据えた子ども像の構築の重要性をうたっています。

そして教師には、「国民の再教育によって、新しい日本を、民主的な、平和的な、文化国家として建てなおすことは、日本の教育者自身が進んではたすべきつとめである」[10]と覚悟を求めました。

教育に課せられた期待は大きく、その教育によって育てられた子どもが、「新生日本」の主人公（主権者国民）として、日本の未来を切り開いていくことが期待されたのです。戦後2年目、日本国憲法と一体の法規として制定された教育基本法（1947年）は、こうした精神を法的に具現化した法規です。

そこには、

 （1）われらは、個人の尊厳を重んじ、真理と平和を希求する人間の育成を期する（前文）
 （2）教育は、人格の完成をめざし、平和的な国家及び社会の形成者として（略）（第1条）

などの原則が規定されています。「新教育指針」が発表されて1年もたたない間のことです。

1-4　「学校の心臓部」としての学校図書館

「新しい酒は新しい皮袋」に盛らなければならない。国定教科書を媒体とした国家主義的教育からの決別は、教育内容はもちろん、教育方法、学習方法の転換をも迫ることになりました。

「新教育指針」が発表された1946年に、『アメリカ教育使節団報告書』（第1次）が出されました。日本は、敗戦後にアメリカを中心とする連合国に占領されましたが、そのアメリカの対日教育使節団が、連合国最高司令官（ダグラス・マッカーサー）に提出した報告書が、この『アメリカ教育使節団報告書』です。臣民教育を否定し、教育の地方分権化など、戦後日本の教育の民主化を推進するための諸原則を提起した、戦後教育改革の原点にもなった報告書です。男女共学制、義務教育（無償）期間の延長（9年間）なども提案されていました。

その報告書は、また個性尊重と自発性の原理に基づく教育思想を提案していますが、学校図書館のありようにもかかわる次のような指摘があります。

 学校の仕事があらかじめ規定された教科課程や、各教科についてただ一つだけ認められた教科書に限定されていたのでは、遂げられることはできない。民主主義における教育の成功は、画一性や標準化によって測られることはできないのである。[11]

こうした考えは、日本の戦後の教育行政でも主張されました。1950年に文部省から「日本における教育改革の進展」という文書が出ました。この年、

アメリカ教育使節団は「第2次報告書」を発表しましたが、この文書はそれに対する文部省の報告書です。そのなかに、次のような一節があります。

> 戦前の小学校の教授法は一言で言えば、文部省著作の教師用書に忠実に従い、全国画一的な、もっぱら教師が教え授けることを中心にした、動きの少ない教授法であり、児童は、ただそれについて行き、うのみにする傾向が強かった。(12)

戦後、学校図書館に関するシリーズ（「学校図書館学叢書」）が出版されました。学者・現場研究者の手によって執筆されたその叢書の第1集（『学校図書館学概論』）にも、次のような記述があります。

> 新しい教育の企図は広く多様な学習環境や施設によらないと達成できない。児童生徒はもはや教師の限られた経験やただ一冊の教科書では満足しなくなる。教科書は必然に他の豊富な資料によって補足されなければならない。(13)

そうしたとき、新しい教育は当然にも、こうした教育が可能になる方法や場所のもとでおこなわれなければならないのです。旧来の教授方法の転換が必要なわけです。先の「日本における教育改革の進展」には、教授法の刷新と関連して、「学校図書館の充実」が提起されています。次の一節です。

> 教科書中心の古い学校教育の中では、学校図書館は、単に課外読み物の提供場所にすぎなかったが、より広範な図書資料の活用を必要とする新しい教育にあっては、学校図書館こそは、カリキュラムを豊かにする中心機関である。(14)

「教科書中心の古い学校教育」からの転換、一斉画一型を打破する新しい教授法が求められたのです。
　すなわち、子どもの自主性、想像性（創造性）、個性を発揮できる学習施設、あるいは質的にも量的にも豊かな情報や各種の媒体、さらには多彩な学習形態などの諸条件が必要になってきました。そこに、多様な学習情報や媒

体が収集・整理・保存され、個別的・自主的学習形態が可能な学びの館としての学校図書館がクローズアップされてきたのです。
　その学校図書館への期待が一つの形になって結実したのが、学校図書館法の制定（1953年）です。その第1条で、学校図書館は「学校教育において欠くことのできない基礎的な設備」と位置づけられました。画期的な規定です。学校教育に「不可欠」なのですから、どこの学校にも設置されなければなりません。そして、図書館なのだから資料の存在は不可欠であり、その資料を収集・管理・提供する「人」も必要になります。もちろん、そのための財政的手立ても必要になります。「不可欠」性のなかには、そうしたことが含まれています。
　その学校図書館法が衆議院に提案されたときの提案理由（補足説明）に、次のような一節があります。

　　　今日、学校教育におきましては、先ず第一に、教育の指導理念が、児童生徒の個性を重んじ、その自発的学習の啓発育成にあることは申すまでもありません。この指導理念に従いますれば、また、指導方法におきましても、従来の画一的詰込式教授法によらずして、児童生徒の自発的学習形態が採られなければならぬことは当然なことであります。このような指導理念や指導方法にこたえて、児童生徒の自発的学習に必要な図書及びその他の資料を収集し、整備し、提供する設備たる学校図書館の設置は、当然必要不可欠なものと思料せられるのであります。換言すれば、学校図書館の設備なくしては、新教育の十分なる効果が期待し得ないとも、申されるのであります。(15)

　個性の尊重、自発的学習形態、画一的授業からの脱却などのためには、学校図書館が不可欠であり、「学校図書館の設備なくしては、新教育の十分なる効果が期待し得ない」という期待のなかで、学校図書館法は誕生したのです。
　「新教育指針」が目標とする「自ら考え自ら判断」できる生徒を育成するためには、情報へのアクセスが不可欠です。学校図書館はそうした情報へのアクセスを可能にし、生徒たちが自らを学びの主体に転換できる学習環境でもあるのです。

第5章　時代と教育、そして学校図書館

戦後教育の所産としての学校図書館は、そうした教育の質的転換を求めて誕生しました。学校図書館は、新しい教育を実現する際に不可欠な「カリキュラムを豊かにする中心機関」、あるいは「学校の心臓部」(16)と位置づけられたのです。こうした位置づけの法的表現が、学校図書館法の「学校教育において欠くことのできない」(第1条)という規定です。

学校図書館は、学校教育での「不可欠」的学習環境として誕生しました。このことは、学校図書館に興味・関心、関連をもつ人は心に留めておいてほしいことです。

2　「経済成長」と学校図書館

2-1　経済成長を支える人材育成

「もはや戦後ではない」。1956年の『経済白書』(経済企画庁編、大蔵省印刷局)の結語は、こうした言葉で戦後復興の完了を宣言し、「世界技術革新の波に乗って、日本の新しい国造りに出発」することが、当面喫緊の必要事であることを述べています。この『白書』が出される6年前(1950年)に朝鮮戦争が勃発し、日本は、特需景気を機とした大幅な経済成長を遂げるなかで、(17)「回復を通じての成長」から「もはや戦後ではない」新たな成長へと出発することになりました。

さらに、朝鮮戦争開始後の1951年に、西側諸国48カ国との間でサンフランシスコ平和条約を締結しました。条約は翌52年に発効して約7年間の占領が終わり、独立国として主権を回復しました。さらに56年には日ソ国交回復によって国際連合への加盟が実現しました。こうして、50年代初頭から中葉にかけて、日本は、政治的にも経済的にも大きな転換期を迎えることになりました。

こうした動きは、教育にも影響を与え始めました。日ソ国交回復後の1958年に、戦後2回目の学習指導要領改訂がおこなわれましたが、その改訂(18)の理由を文部省(初等中等教育局長)は、次のように説明しています。改訂に際して開かれた説明会での一節です。

　　わが国も平和条約を結び、あるいはソ連圏とも国交を回復し今日におき

ましては、国際連合に加盟し、国際社会において堂々たる地位をかちえ〔「わが国は」：引用者注〕、(略)民族の繁栄、国家の発展をはかるという趣旨から義務教育の格段の充実をはかり、その水準の向上をはかることが必要であろうかと考えたわけでございます。[19]

「民族の繁栄、国家の発展をはかる」という観点から義務教育の充実が教育課題に登場してきました。そして、この改訂の要点の第1に「道徳教育の徹底」があげられ、道徳の時間の特設が、他の改訂に先立ちおこなわれました。今日に続く、道徳の時間の始まりです。

転換は、何よりも経済政策に顕著に表れ始めました。『白書』の翌年（1957年）には、「新長期経済計画」（岸信介内閣）がスタートし、1960年には「所得倍増計画」（池田勇人内閣）が発表されました。[20]そのためこの時期の教育では、高度成長を支えるために科学技術立国を担う人材の育成が求められるようになりました。前述の学習指導要領の改訂に先立って開かれた教育課程審議会（1957年）で、文部大臣は、「新しい科学技術をじゅうぶんに身につけた国民の育成」が重要だとし、次のような挨拶をしています。

　　今日の原子力時代、産業のオートメーション化時代に対処して、わが国産業・経済の振興をもたらす基礎は、国民の科学技術水準のいかんにかかわっていると申しても過言ではありません。小・中学校の義務教育にいたしましても、科学技術教育の充実を図り、この方面に実力のある国民の育成につとめなければならないと存じます。[21]

「わが国産業・経済の振興」もまた教育の重要課題に登場し、それを支える人材育成政策（マンパワー政策）が強調されるようになったのです。

この時期、文部省は「教育と経済の相互関係を検討」することは、「教育関係者の一つの務めである」という立場からある報告書を出しました。『日本の成長と教育』がそれです。そこには、「経済の成長を促進するための強力な要因として、教育の効果を具体的に検証し、将来の教育施策を考える際の立場と、その方向を見いだしたい」と記されています。[22]報告書標題の「成長」は経済成長であり、経済成長のために教育を「活用」しようという考えに基づいた報告書です。

第5章　時代と教育、そして学校図書館

こうした考えは、すでにこの時期の学習指導要領で現実化の一歩を歩み始めました。1958年改訂の学習指導要領では、小・中学校の総授業時数はそれ以前（1951年改訂）と比べて増加しました。小学校は5,780コマから5,821コマ、中学校は3,045コマから3,360コマとなりました。また高校でも必修単位は、卒業単位数の約8割に達しています。それ以前（1956年改訂）が約5割だったのと比べると大幅な増加です。こうした経済成長に対応した教育政策は、続く68年の学習指導要領にも引き継がれました。

　また、経済成長を背景に進学率は大幅に増加しました。経済成長の終盤の1974年度には、高校進学率は89.4％（男子88.3％、女子90.6％）、大学・短大進学率は31.2％（男子31.6％、女子30.8％）となりました。経済成長の入り口の55年頃には高校進学率約50％、大学・短大進学率約10％だったのと比べると大幅な増加です。

　他方、増大・過密化した教育内容を「消化」するための早すぎる授業は「新幹線授業」などと揶揄され、一方的な詰め込みは「落ち零れ」「七五三教育」（高校で7割、中学校で5割、小学校で3割が落ちこぼれる）という批判的な言葉を生み出しました。そうした教育政策が、経済成長を基盤とした社会背景のなかで進行したのです。

　その経済成長は、第4次中東戦争（1973年）による石油危機を機に終焉するまでの約20年間（1955年から73年）続き、この間日本は年平均約10％の経済成長率を持続しました。耐久消費財（白黒テレビ、電気洗濯機、電気冷蔵庫＝「三種の神器」）などが、都市・農村を通じて一般家庭に急速に普及しました。「巨人・大鵬・卵焼き」という言葉がはやっていました。

2-2　「資料センター」「教材センター」論の登場

①新教育の崩壊

　戦後教育を主導した新教育は、当初からそれを支える行政的・財政的基盤の弱さをかかえていました。戦後教育は、「新教育体制を支える行政的・財政的基盤の弱さによる2部授業、教育施設・設備の不足、教員の質的量的な不備」という状況下にあったのです。それは学校図書館も同様で、学校図書館法が成立（1953年）した頃、学校図書館の設置状況は低く（小学校約40％、中学校約53％、高校約87％）、学校図書館費の約90％はPTAや児童・生徒・職員の労力によって得た資金によってまかなわれていました。そして、

「人」（司書教諭）は、これから養成するという状況にありました。[28]

　そうしたなか、1950年代に入ると、新教育は批判の対象になり始めました。新教育では、子どもが生活のなかで問題を解決していく学習（問題解決学習）を教育の中心軸に据え、子どもが直接的・日常的経験を積み重ねることで客観的な知識や科学的・抽象的概念をも獲得できると捉えていました。しかし、直接的・日常的経験は「科学的概念や知識の学習に対する興味や関心を抱かせる動機とはなっても、それがそのまま学習すべき客観的・科学的概念や知識にひとりでに転化することはない」[29]わけです。

　新教育は、内的にも理論的未熟さ、日本での具体的適用方法の確立の不備などの不十分な要因をかかえたままでした。そのため、「読・書・算」に代表される基礎学力の低下が指摘され始め、「経験主義に依拠した教育だ」「科学的・系統的知識の教育を軽視した」などという批判がされました。また新教育を提唱した文部省も、経済政策の転換のなかで新教育に背を向け始めました。1958年の学習指導要領の改訂は、その転換点でもありました。こうして、新教育は退場を余儀なくされたのです。

②資料センター・教材センターの登場

　経済成長が軌道に乗り始めた1960年、文部省から学校図書館向けの一冊の手引書（『学校図書館における図書以外の資料の整理と利用』[30]〔以下、『手引』と略記〕）が出されました。同書は、書名のとおり、図書以外の資料全般についてその整理や利用の仕方について解説したものですが、その第2章で「資料センターとしての学校図書館」論を提起することで、学校図書館界に大きな論争を巻き起こすことになりました。全国学校図書館協議会の機関誌「学校図書館」は、翌61年に「教材センター論をめぐって」（1961年5月号）、「再び、教材センター論をめぐって」（1961年8月号）という題で2度にわたって特集を組み、座談会記事や関連論文を掲載しました。また同61年開催の第12回全国学校図書館研究大会（新潟大会）では、「「資料センター」としての学校図書館は、現実に即してどうあったらよいか」を研究主題に掲げました。

　それでは、文部省が『手引書』を通して学校図書館の資料センター（教材センター）構想を打ち出した理由は何だったのでしょうか。同書の作成に直接携わった文部省教科調査官（深川恒喜）によると、次のように説明されて

います。なお、このときの深川の肩書は東京学芸大学助教授です。
ⓐ読む、書く、話す、聞くという4つの領域の有機的・総合的な指導がおこなわれれば、より高い学習効果が期待できる。その活動がおこなわれる場所が学校図書館である。
ⓑマス・メディアの発達により、学校教育のなかにも読む媒体だけでなく見る媒体や聞く媒体も取り入れる必要が生じてきた。
ⓒ図書も図書以外の資料もそれぞれが媒体としての特性をもっていて、それぞれの表現や伝達の目的に応じて、それに最もふさわしい媒体を選ぶことが学習効果、教育心理の立場からも能率的・効果的である。
ⓓ図書や図書以外の資料をとりまとめ（教具・教材の具体的管理）、これらの資料を有機的・総合的・機能的に活用される機関は学校図書館である。
　いわば、メディアの発達によって多様な媒体（資料）が登場し、そうした媒体を教育課程の展開に活用するために、資料を収集・管理・提供する有機的・総合的・機能的な組織として学校図書館がクローズアップされてきたのです。

③**資料センター構想の意義**
　学校図書館が収集・管理・提供する資料は、図書に限定されることなく「視覚聴覚教育の資料その他学校教育に必要な資料」など図書以外の資料を含んでいる（学校図書館法第2条）ことは言うまでもありません。また学校図書館が「教育課程の展開に寄与する」（同法第2条）目的をもっている以上、学校図書館が率先して多様な資料を収集・管理・提供することも学校図書館の基本的役割です。
　まずは、学校図書館は多様な資料を収集・管理し、子どもや教師に提供する資料センターです。その資料のなかから教授者（教師）が、教育課程（特に授業）の展開に必要な資料を選択し、それに理解を助けるための加工を加えることで、資料は教材に転化します。その意味で、学校図書館は教材センターでもあるのです。すなわち、資料センター・教材センターは、子どもの「自発的学習に必要な図書およびその他の資料を収集し、整備し、提供する」（学校図書館法の提案理由〔補足説明〕）という学校図書館の目的に内在化しているのです。
　日本でも『手引書』が出された頃、そうした方向性のもとに図書館運営を

していた学校は、少数ではありますが存在していました。またそれ以前に、前述した『第2次訪日アメリカ教育使節団報告書』には、「教材センターとしての学校図書館は、生徒を援助し指導する司書を置いて、学校の心臓部となるべきである」と記されていました。そしてそのアメリカでは、『手引書』の4年前（1956年）に、アメリカ学校図書館員協会の手によって、「教材センターとしての学校図書館の理念に関する声明」が採択されていました。そして『手引書』の教材センター構想も、こうしたアメリカの学校図書館界の動向を反映したものでした。

『手引書』作成委員の一人だった裏田武夫（東京大学助教授：当時）は、教材センターをめぐる論争のなかで、教材センター論に関する「覚え書」を発表しています。そのなかで裏田は、当時の学校図書館の現状について次のように分析しました。

> 〔学校図書館は：引用者注〕学校教育における教育方法論、教育内容論などにかならずしも肉迫するものではなかった。依然として教育学者のみならず教育行政当局者のあいだにおいて、学校図書館は"疎外された現実"であり、局外者であることをいさぎよく認めなければならないのである。(32)

そして、「まさに学校図書館は重大な局面に立っている」、そのため、学校図書館が生存を続けるとするなら、「学校図書館を学校教育のなかに理論的に定着させ」ることが重要であると論じました。

そして教材センター論は、そもそも「学校図書館が正面きって学校教育理論のなかに座を占めようとする努力に直接つなが」るものであり、「学校図書館が学校教育のなかで正統的地位を安定させるべく、日々の地味でしかも個性のある実践のなかで、正面きって解決していく問題として提起された」と、構想の積極的意義を論じました。そして裏田は、図書以外の資料が「機能的集中制をとって学校に存在しなければならない」と述べ、その意味で教材センター論は「単純な論理」であるとして、論を閉じています。

④資料センター構想の問題点

どんな構想でも、関係者の間でその構想の背景や時代認識の共有がなけれ

ば、実現は困難です。裏田は、先の「覚え書」で（教材センター構想が「官製のお墨付教材のお庫として意図された」という批判があることをも意識し）、「教材センターは文部省の音頭とりで始まったわけではないのである。（略）事実は否である」として、教材センターに「われわれは自己の歴史的課題として誇りをもって対処したい」と述べています。しかし、その「歴史的課題」と称された資料センター・教材センター構想は、学校図書館関係者の間に容易には広がりませんでした。

　その原因は複合しています。第1は、やはり『手引書』の2年前に出された学習指導要領の存在です。すなわち、教材センター化によって学校図書館や学校図書館資料に対する国家（文部省）の管理・統制が進みはしないかという懸念です。

　前述のように、この『手引書』が出される2年前（1958年）に学習指導要領が改訂されました。この改訂を機に、学習指導要領はそれまでの文部省著作物から官報告示になり、あわせて文部省はこの告示を機に、学習指導要領の国家基準性を前面に押し出し、その法的拘束性をにわかに主張し始めました。その背後には、経済成長に主軸を移し始めた教育内容、そして東西冷戦を受けた国家主義的教育への転換という時代が色濃く反映していました。

　また学習指導要領改訂の2年前（1956年）には、教育委員が公選制から任命制となりました（「地方教育行政の組織及び運営に関する法律」の成立）。教育委員会は、戦後すぐに教育委員会法（1948年）に基づいて設置され、その委員は「公正な民意により、地方の実情に即した教育行政を行う」（同法第1条）ために、住民による選挙で選ばれました。しかし1956年に、同法は廃止され、教育委員は公選制から首長による任命制になりました。また57年には、教職員の勤務評定（勤評）の実施方針も決定されていました。

　これらの情勢とも相まって、この時期、教育に対する国家の介入、教育の拘束性への危機感が高まるという状況下にありました。改訂学習指導要領はそうした時期に発表され、その時期と資料センター・教材センター構想は、軌を一にしていたのです。

　そして、その学習指導要領では、前述のように総授業時数は大幅に増加しました。教材センター構想に関するある座談会（1961年）で司会を務めた松尾弥太郎（全国学校図書館協議会事務局長：当時）は、新しい指導要領について「指導しなければならないことが多すぎるんですよ。あの指導要領にある

ことを、教師がまともに扱っていったら、もうそれだけで、児童も教師も疲れ切ってしまうのです」と述べ、続けて、座談会に出席していた深川恒喜（元文部省教科調査官）に、指導要領の中身を児童や地域の実態に即して「取捨選択してもいいのでしょうか」と質問しました。すると深川は、即座に「それはいけません。あれは、国で定めた指導の最低基準ですよ」(34)と回答します。

「疲れ切って」しまうような学習指導要領でも、その中身を児童や地域の実態に即して「取捨選択」することが認められなくなりました。改訂された学習指導要領は、教育現場から自由性を奪い始めていたのです。以前の学習指導要領が有していた「教師自身が自分で研究して行く手引き」(1947年)、「教師の手引きとして、教師の仕事を補助するもの」(1951年) としての性格は影を潜めてしまったのです。

そうした改訂と『手引書』の刊行（資料センター論の提起）とは、時期が同じでした。そのため、こうした学習指導要領の変質と相まって、学校図書館資料を通じて、国家が教育に介入するのではないかという懸念が生じたのです。

第2は、実現のための「手立て」の不備です。どんな構想でも、それを実現するにはそのための具体的手立てが必要です。資料センターの場合の手立てとは、学校図書館の施設・設備の充実、「人」（司書教諭など）の配置などです。こうした手立てがなければ、構想は画餅に帰すことになります。

構想に対しては、当初から、狭い学校図書館に視聴覚をも含む図書以外の資料を持ち込んでどうするのか、あるいはその管理・運営を担う人をどうするのかという懸念がありました。すなわち、資料センター構想を評価しても、それを可能にする施設・設備や「人」に対する手当てを欠いたままではその実現が困難なため、現場サイドに戸惑いが生じたのです。そして文部省も、その実現のための財政的・行政的な手立てを提示しませんでした。前述の裏田武夫（『手引書』の作成委員）も、文部省はこの構想に対して「明確な理念をもち、十分に理解しているとはかぎらない。いな、むしろ私にはまったく無理解と断じてもよさそうに思われるのである」(35)とさえ述べています。

そうだとするなら、「明確な理念」をもたず、「十分な理解」もしていない当事者（文部省）に、「手立て」の期待のしようがありません。この時期（16年間）、「資料センター論の鬼として」学校図書館行政に携わった教科調

査官・井沢純は、のちに資料センターの意義を強調しながらも、次のような述懐をしています。

> 残念ながら、資料センターとしての学校図書館を実現させるための物的・人的な裏付けに欠ける面が「あった」、というより「多すぎた」ことも否定できまい。その意味で、私の主張（略）も空転をまぬがれぬ面があったといえようか[36]。

　資料センター論が提起されてから四半世紀後の述懐です。特に「裏付け」で欠ける面があったのは「人」の問題です。この「人」の問題は、資料センター構想を実現するには不可欠な要件でした。『手引書』には、学校図書館が収集・整理・保存・提供すべき資料として、「学校図書館基準」（1949年）に例示されていた図書をはじめ、「雑誌、新聞、パンフレット、リーフレット、切り抜き、地図、（略）、フィルム、スライド、レコード」などが列挙されていました。もちろん各学校図書館が、これらの資料のすべてを収集するわけではありませんが、部分的にでも、これらの資料を収集・管理・保存し提供するには「人」の存在は絶対的な条件です。

　しかし、「人」（特に司書教諭）の配置は、学校図書館法の配置規定（第5条）にもかかわらず、附則第2項によって「当分の間」猶予されていました。この間、学校図書館には司書教諭をはじめとする「人」の配置は希薄でした。そのため、学校図書館関係者を中心に附則第2項の撤廃、司書教諭の配置促進、学校司書の法制化の運動が熱心に展開されましたが、この時期成果を得ることができず、「人」の問題は未解決のままでした。

　そのため、構想を実現するには、学校図書館担当者が個人的努力を重ねるしかありませんでした。しかしそうした方法は、いつかは壁にぶつかることになります。その点に関して後日、文部省側の担当者だった深川恒喜も、（資料センター実現のための人手や施設の予算的・制度的手当ての要求を一方では聞きながら）、学校図書館経営に熱心に尽力された人が過労で亡くなったことを知り、次のような述懐をしています。

> 望ましい学校図書館係を説きつつ、その裏づけとなる人手や資料・施設の費用の措置に欠陥の多い行政の実情をいやというほど知っていた筆者

としては、理想とともに、制度をよこせといわんばかりのことばにであうごとに、「図書係に死ねというのか」というようなことばが地の底から聞こえるような思いがしたものである。この思いは今日も消えない。[37]

　第3は、学校図書館が果たしてきた読書指導を軸とした人間形成の役割との関連です。「学校図書館」の編集部は、この時期（1961年）、「教材センター論への4つの疑問」[38]を公開質問状として出しました。そのなかで、教材センター化によって学校図書館が「子どもたちに魅力のとぼしい図書館になったり、人間形成という方向にそった子どもたちの読書活動を支える指導」が、おろそかにされるのではないかという疑問を提起しています。

　また先の座談会では、「教材センターが強調されますと、その乏しい予算は全部カリキュラム追随の方に廻され、人間形成をめざす巾のひろい図書館資料にまで手が廻らない。学校現場には、当然、こんな問題がおこってくるのではないでしょうか」[39]という発言が出ていました。教材センターを介した教育（学校図書館）への介入、教材センター化による読書指導の軽視。こうした懸念は、前述した学習指導要領による国家基準の強化に対する懸念とも関連し、学校現場に潜在していました。

2-3　構想と逆方向を向いていた改訂

　そしてこの時期、1958年の学習指導要領改訂を契機に、教科指導は生活経験的学習から知識の系統性を重視する系統的学習へ転換し、前述のように授業時数は大幅に増加しました。のちに、全国学校図書館協議会事務局長になる笠原良郎（事務局次長：当時）は、「学校図書館の40年」を特集したある論文のなかで、次のように述べています。

> 〔学習指導要領の実施によって：引用者注〕戦後積みあげられてきた学校図書館等を活動の場として行われる自主的学習や資料利用学習はしだいに消え去っていくことになる。つまり、系統学習の名のもとに教師による一斉画一のツメコミ教育が再び大手をふって全国の学校に広がっていったわけである。[40]

　教育内容が過密化した学校での授業は、結果として「新幹線授業」「七五

第5章　時代と教育、そして学校図書館─── 157

三教育」になり、「落ち零れ」を生み出しました。学校は、教科書に書かれた知識の詰め込みで精いっぱいになり、学校図書館を利用することなく授業は進み、受験競争の激化はそうした傾向に拍車をかけました。そこには、図書以外の資料を学校図書館に収集しその利用を図るだけの「余地」はなく、構想実現のための施設・設備、「人」などの手立てもなかったのです。

　資料センター・教材センター構想はできた。しかしそれが適用される学校図書館の条件は保障されず、教育の内実も構想されていた方向とは逆の方向を向き始めていました。この資料センター構想に最初からかかわった深川恒喜は、構想発表19年後（1977年）に、「筆者の最近までの見聞の中では、図書と、視聴覚資料とが、有機的関連的に、教育理論の中にくみ込まれて、文字どおりの資料センターとして経営されているところは、まことに少ない」[41]と述べています。構想は「"人"の問題の未解決を内包したまま、全国的にはほとんど定着することがなかった」[42]のです。

　どんな理念も、それを実現するためには、その理念が多くの人の共感を獲得し、その実現のためのさまざまな手立て（条件）が用意されることが必要です。日々の教育実践も学校教育も、もちろん学校図書館も……、そうしたことを改めて知る思いです。

3　「生きる力」と学校図書館

3-1　成長神話の崩壊

　経済成長は、他方でさまざまな矛盾をも生み出しました。農山漁村を中心とする地方の人口が急速に大都市に流出し、一定の生活水準や地域社会の基礎的条件（防災、教育、保健など）の維持が困難になり始めました。社会的・文化的インフラの崩壊です。同時に、若年層の流出によって正業継続への懸念が現実化し、専業農家戸数は激減し始めました[43]。すでに、経済成長のただなかの1967年に「過疎」という言葉が、政府策定の経済計画（佐藤内閣「経済社会発展計画」）のなかで用いられています。その計画の目標には「均衡のとれた充実した経済社会の発展」と記されていますが、「均衡」は困難になりつつありました。

　大都市でも、住宅問題、地価の高騰、交通難などの「都市問題」（過密

が顕在化しました。さらに、工業化、都市化と同時進行した環境汚染（公害）の拡散、緑の喪失は、環境破壊に対する制御方法を欠いた経済成長とともに進行しました。

　また資源に乏しい日本の経済は、資源の多くを海外から調達してきました。この経済の国際化、相互依存関係は、日本の経済を発展させる要因でもありましたが、その関係の崩壊は日本の経済の脆弱さをも露呈しました。1973年10月に起きた第4次中東戦争は、石炭から石油へのエネルギー政策の転換を進めていた日本の経済を直撃しました。石油価格の高騰が主因となり、翌74年の経済成長はマイナス0.5％となったのです。「成長神話」の崩壊です。低価格の石油を前提とした経済政策は大きな転換点に立つことになり、産業構造も「重厚長大」から「軽薄短小」へと転換が図られました。そして、社会もまた新たな価値観を求める時代に入り、「豊かさ」とは何かが問われ始めました。世論調査でも、「物の豊かさ」より「心の豊かさ」[44]を求める傾向が強まり始めました。

3-2　「自ら考える力」「生きる力」

　そうしたなか、教育も大きな転換点に立つことになりました。その兆しは、石油危機の前年、経済成長が終焉を迎える1972年、経済官庁である経済企画庁（当時）の指摘にも見られました。同庁編のある報告書[45]は、「教育を経済成長との結びつきにおいてのみとらえることは、本来の目的を見失い、偏った把握となる危険性をはらんでいる。（略）したがって、教育投資論もあらたな観点から再検討を加える必要があろう」と述べています。政府内部からも、経済成長と並行した教育政策に対する批判的見解が提起されていたのです。

　そうしたなか、1976年に教育課程審議会答申（いわゆる「76答申」）が出されました。「人間性豊かな児童生徒を育てること」を基本的なねらいとしたこの答申は、高度成長に傾斜した教育観の転換を図るものでもありました。

　この審議会委員の一人である河野重男（お茶の水女子大学教授：当時）は、教育課程の改訂にあたって、「学校を子どもたちが人間として幸福に、自己実現の充足感をもって生きる場所としてとらえる」学校観に立って、これまでの学校観の再検討、新たな学校観の確立が重要であると指摘しました。「学習者中心の教育」「学校の人間化」です。その主張の背後には、「あまり

にも非人間的になってしまっている教育環境としての現代社会」に対する危機意識、具体的には「深刻化する都市問題、環境破壊や公害問題、依然として解決されない貧困の問題、世代間の断絶の問題など、現代社会の病弊」があるといいます。そして学校は、こうした「病弊」をかかえた社会のなかにあって、「高度経済成長のための人的能力資源の開発に重点がおかれがちだったり、学歴偏重の社会に対応すべく受験や入試のための教育に傾斜せざるをえない状況を脱却することができ」(46)なかったと述べています。

その「76答申」は、「自ら考え正しく判断できる力をもつ児童生徒の育成」を重視しながら、次のようなねらいを示しています。

　　（1）人間性豊かな児童生徒を育てること
　　（2）ゆとりのあるしかも充実した学校生活が送れるようにすること
　　（3）国民として必要とされる基礎的・基本的な内容を重視するとともに児童生徒の個性や能力に応じた教育が行われるようにすること(47)

特に、「人間性豊かな児童生徒の育成」のためには、一人ひとりの児童・生徒に対し、「自ら考える力を養い創造的な知性と技能を育てること、強靱な意志力を養い自律的な精神を育てること」などが留意事項として掲げられました。また、「ゆとりある学校生活の実現」を目指して、各教科内容の精選や授業時数などの改善が提起されました（基礎・基本の重視）。「知識の伝達」に偏りすぎた教育から「自ら考え、正しく判断できる」教育への転換です。特に、基礎・基本の重視は、翌1977年改訂の学習指導要領で、指導内容の精選、各教科の標準時間数の削減、各教科などの目標および指導内容を中核的事項にとどめる、という形で具体化されました。いわゆる「ゆとり教育」の始まりです。

この「76答申」を受けたときの文部事務次官（木田宏：当時）は、のちに文部行政の責任的地位に立った人たち（永井道雄文部大臣、奥田真丈文部省初等中等教育局審議官：ともに当時）との座談会（「日本の教育と学力」）で、次のような教育観を述べています。

　　子どもというのを教師がつくるわけにはいかんのですね。（略）子どもが学んだ結果ですね、教師が伝えた結果ではないので、子どもがそれを

自分の力として学んだ結果である、(略) そうすると、教育というのは子どもの自ら学ぶ力が教育だというように、教育の基本的な立場というものを考えないわけにはいかんだろう、私はいま、そう思っておるのです。[48]

「子どもの自ら学ぶ力が教育だ」。改めて聞くと、新鮮な響きをもって聞こえます。先の審議会委員の一人も、この改訂の基本方向は「教える側に立っての改革から、子どもの側に立っての「学習者中心」の改革にある」[49]と述べています。

前述したように (本章第1節)、戦後教育を主導した「新教育指針」(1946年) にも、同様の考えが示されていました。次の一節です。

> 教育においても、教師が教えるところに生徒が無批判的に従うのではなく、生徒が自ら考え自ら判断し、自由な意思をもって自ら真実と信ずる道を進むようにしつけることが大切である。

また戦後教育改革のなかで「全国画一的、もっぱら教師が教え授けることを中心」とした教授法の転換も求められました (前掲「日本における教育改革の進展」)。「自ら考える」「自ら学ぶ力」の重要性。戦後教育の思潮としての新教育が教育の主舞台から退場して約20年を経て、戦後教育が目指した方向性が、改めて確認されたような感じです。

それは、経済成長と歩を一にした教育が、知識偏重や詰め込みになった、あるいは創造性や自主性を欠く子ども群が誕生した、などの批判を受けるなかで出された、日本の教育に対する新たな処方箋でもありました。

こうした教育観は、「自ら学ぶ意欲」「生きる力」などの文言で、20世紀末の学習指導要領にも引き継がれました。「自ら学ぶ意欲と社会の変化に主体的に対応できる能力」(1989年)、「生きる力をはぐくむことを目指し、(略) 自ら学び自ら考える力の育成を図る」(1999年)、などがそれです。

3-3　学習センターの登場

①学習センター論の登場

学校図書館が「教育課程の展開に寄与する」(学校図書館法第2条) 目的を

第5章　時代と教育、そして学校図書館

もっている以上、学校図書館が日々の学習と深く結び付いていることは言うまでもありません。学校図書館は「カリキュラムを豊かにする中心機関」（前掲「日本における教育改革の進展」）とか、学校図書館の設置は「児童生徒の自発的学習に（略）不可欠である」（学校図書館法の提案理由）という指摘は、そうした考えの現れです。そして、学校図書館は成立以来、「学習・教科」との結び付きを重要視していました。たとえば、学校図書館法制定5年後（1958年）に開催された第9回全国学校図書館研究大会（岡山大会）では、「教科学習と学校図書館との結びつきについて一段の深化をはかる」というメインテーマが掲げられ、全教科、全領域で研究討議が展開されました。

前述した『手引書』で提起された資料センター構想も、学校図書館と「学習・教科」との結び付きを提起した学校図書館の教育的機能論でした。そこでは、学習活動を有機的・総合的に指導するための場としての学校図書館のありようが提起されました。

しかし1970年代に入ると、資料面からの学校図書館観ではなく、子どもの学ぶ営み、主体的な探求という点からの学校図書館観が提起されるようになりました。それが学習センターです。

その前兆は、1970年代の初頭にありました。60年代に資料センター論を文部省側からリードしてきた深川恒喜は、70年には、ある座談会で、次のような注目すべき発言をしています。

> 今まで、図書館資料を図書と非図書資料とを広く含むものと考える資料センター（materials center）思想の図書館観が、モノの面でおさえられていた。これが、活動とか効果とかいう面でおさえようとする学習センター（learning center）というかたちに、より定着してきたんじゃないか、それが、昨年出た指導要領のなかにも、あらわれるようになってきた、そう思っています。(50)

資料の面を重視した学校図書館観（資料センター）から、はたらきの面を重視した学校図書館観（学習センター）への転換です。

その点について、全国学校図書館協議会の事務局長（佐野友彦：当時）は、後日（1991年）、「学校図書館の理念はどう変わったか」という論文のなかで、学習センターについて次のように述べています。

学習センターは、実際に学校図書館を担当するものの側からの発想であった。教材センターや資料センターが（略）図書館資料の充実というメディアの面からの発想だとすると、学習センターは学校図書館の働きの面からの発想である。資料センターというと各種の資料を取りそろえておいて、という姿を彷彿（ほうふつ）とはさせるが、そこまでで、資料を揃えて利用を待つという消極的なイメージがする。学習センターというと学校図書館を利用してどんどん勉強するという積極的なイメージがある。（略）もっと日々の教養の学習に直接関連して、情報を検索したり、調査したり、データを集めたりすることに学校図書館を積極的に使うべきである。こういった活動的なイメージを描くとすると学習センターがすぐれている。⁽⁵¹⁾

そして1970年代の中葉には、学校図書館を積極的に学習センターとして捉えようとする考えが登場してきます。たとえば「学校図書館」1977年1月号では、「学習センターとしての学校図書館」を特集しています。

　また、実践のなかで学校図書館を積極的に学習センターとして位置づける学校も出てきました。60年代から学校図書館の資料センター化を先進的に押し進めてきた東京都大田区立田園調布小学校はその一つです。同校の報告には、資料センターから学習センターへの転換について、次のように記されています。

　主体的に探究する子どもの姿を求め、資料センターの充実をはかってきた。
　しかし、どうしても教師が主体になり、子どもは教師の用意したものを使うという程度にすぎなかった。子どもたちに使用させるセンターとなると資料センターでは、ものたりなくなり、学習センターを夢みるようになった。
　学習過程が、子どもが主体的に探究するように組まれ、また学校活動が主体的に展開される場合、この学習活動、思考操作に応え得る機能をもつ場所を学習センターと呼ぶことにする。⁽⁵²⁾

第5章　時代と教育、そして学校図書館────163

②学習センター論登場の背景

こうした学習センター論の登場をもたらした背景は何だったのでしょう。それにはおよそ次のような要因が考えられます。

第1は、資料センターの限界性です。図書館が資料センターとしての機能をもつことは当然なのですが、その資料（メディア）の利用主体は誰なのか、あるいはどのように、いつ利用するのかなど、資料センター論には学習過程での図書館利用の具体的な姿が希薄でした。たとえば、

ⓐ資料の収集が教授者側の論理に傾き、子どもの興味や関心についての視点を欠いてはいなかったか

ⓑ資料の管理・保存・利用方法が教授者の都合に合わせられてはいなかったか

ⓒ資料の利用が教授者による一面的利用にとどまってはいなかったか

ⓓ資料の利用方法、資料を活用した学習方法などの指導がなおざりにされてはこなかったか

などのことが問われてきたのです。すなわち学校図書館は子どもの自主的・主体的学習とどう関連するのか、そうしたことが、学校図書館機能とのかかわりのなかでクローズアップされてきました。

第2は、経済成長の終焉後に登場した教育観、すなわち前述した「自己教育力」「自ら学ぶ力」などを提起した各種の答申の方向性との関連です。こうした答申は、前述のように、経済成長と一体になった教育が生み出した知識偏重や詰め込み、あるいは創造性や自主性を欠く子ども群の誕生、などといった指摘を受けるなかで出された日本の教育に対する新たな処方箋です。

先に紹介した「76答申」を出した教育課程審議会長（高村象平：当時）は、答申の「ねらい」について、答申の約10日後にある新聞の「論壇」に寄せた論考のなかで、次のように説明しています。

> 教える側からの一方的知識伝達に終始するのをやめて、教わる側が与えられた知識を基にして、自分で考え直し、判断を下す余裕あるものに改める。(53)

また、答申の1年後に、同審議会長の肩書で出席した座談会（「教育改革と学校図書館」）では、次のような発言をしています。

> 今の学力というのは、与えたものをどれだけ消化しているか、それだけをテストしようという気持ちが多いんじゃないですか。つまり受け取ってははき出すだけでしょう。およそ無駄でばかばかしいことなんでね（略）。それを今度考える力、発見する喜びを持たせようじゃないか、と私どもは言っているんです。(54)

「自分で考え直し、判断を下す」「考える力、発見する喜び」。こうした言葉は、高度成長期のマンパワー政策のなかでは出てこない言葉でした。

　このような教育観は、学校図書館像にも変革を迫りました。学校図書館は資料があれば事足りるというわけではないのです。その資料を駆使して学習に立ち向かう、あるいは自分の疑問や興味を解決する、その営みのなかで「自分で考え」「自ら学び」、自己形成を図っていく、という学校図書館観が求められるようになりました。「「学習者中心」の改革」のなかに、そうした学びを担保する学校図書館が必要になってきたのです。それが、学習センターです。前述した佐野友彦（全国学校図書館協議会事務局長：当時）も、学習センターは、「76答申」やそれに基づく学習指導要領の改訂といった「学校教育の変化を背景に台頭してきた論議といってよい」と論じています。(55)

　この時期（1985年）、「指導と評価」という教育系雑誌が、「自己教育力と図書館の利用」を特集しています。そのなかで、文部省初中局教科調査官（瀬戸真）は、「自己教育力」育成の重要性を述べたうえで、子どもが学習の主体になる状態で学習が進むと、「解決のためのすべての場に、解決に必要な情報や資料が求められ」、学習者は「各自の方法に基づいて多様な情報や資料を的確に収集し、利用しなければ、自分の課題は解決しない」として、学校図書館の重要性を指摘しています。そして、学習センターについて次のように論じています。

> 学習センターという用語は正に学習者の立場に立ったものであり、学校教育のすべてが学習者の学習にかかわるものである意味から、どの授業においても、どの学習活動においても、常に利用されることによって学習が成立するという性格をもつものといえる。(56)

自己教育能力育成のためにも、学習センターとしての学校図書館機能の発揮が必要だという指摘です。
　そしてこの時期、「自己教育力」は、大きな教育課題として登場してきました。この論文が出される1年半前（1983年11月15日）に、中央教育審議会から答申（「中央教育審議会教育内容等小委員会審議経過報告」[57]）が出されました。その答申は、「今後特に重視されなければならない視点」の第1に、「自己教育力の育成」をあげていました。そしてその自己教育力は、「主体的に学ぶ意志、態度、能力など」と意義づけられ、さらに次のように説明されていました。
ⓐ学習への意欲。児童・生徒に学習への動機を与え、学ぶことの楽しさや達成の喜びを体得させることが大切である。
ⓑ学習の仕方の習得。何をどのように学ぶかという学習の仕方についての能力を身に付けることが大切である。
　「学習への意欲」やら「学習の仕方の習得」を主要な内容とした「自己教育力」が、「これからの変化の激しい社会における生き方」の問題として登場してきたのです。
　そして、こうした「学び」を日常的に担保する学習環境が、学習センターとしての学校図書館でした。学習センターは、こうした教育観の変化をも背景としながら登場した学校図書館の教育的機能論でした。
　そして、自己教育能力（自ら学ぶ力）と学校図書館の結び付きは、この時期の全国学校図書館研究大会の研究主題の主流でした。その最初は、「76答申」の年です。
ⓐ「学校教育の今日的課題にこたえて、みずから学ぶ力を養い」（1976年、岐阜大会）
ⓑ「自ら学ぶ力を育てるため」（1978年、佐賀大会）
ⓒ「自ら学ぶ力を育てるための学校図書館の役割り」（1980年、盛岡大会）
ⓓ「自ら学ぶ力を育てる学校図書館」（1986年、那覇大会）
ⓔ「自己教育力を育てる学校図書館」（1988年、札幌大会[58]）
　「自己教育力」「自ら学ぶ力」の育成、そうした学びを保障する学校図書館が、学習センターだったのです。

③学習センター化を阻む要因

しかし学習センター構想は、教育改革へのベクトルを伴った先駆性にもかかわらず、その動きは緩慢でした。その主たる要因は、学習センターを生み出す内的要因が、現実の教育のなかでは未成熟だったことに起因しています。
　たとえば、一斉画一型の授業形態です。教授者による一斉画一型授業は、長い間日本でとられてきた授業形態で、同一内容の知識（情報）を均一に伝達するという点に最大の特徴があります。しかし、こうした授業形態では、子どもの自主性・主体性は後景に追いやられがちです。そうしたなかでは、学校図書館資料を利用した個別的・自主的な学習形態はとりがたいのです。
　あるいは、授業のありようも問題でした。「問い」は常に教える側から発せられ、「答え」も常に教える側から提示されるという学習方式にあっては、「問い」（問題）は常に解くものとして存在し、「答え」（解答）はそれに対する正か否かの判断基準としての意味をもちました。すなわち、問題は解決されるべきもの（それで終わり）としてあり、問題が新たな課題の発見、疑問の源泉である（それが始まり）という構図にはなりにくいのです。
　受験教育の影響も見逃せません。教育が入試を軸に展開され、授業が入試への対応に転化しがちな姿は、知識の詰め込みと授業形態のいっそうの画一化を生み出す要因となります。そのため、授業方法にオリジナリティーをもたせるとか、地域や社会の動向に合わせて教授内容にユニークさを加えるとか、学習者自らの手による調査・研究をするといった自主的・創造的な学習はおこなわれがたいのです。
　この時期の少し前（1974年）、現場の司書教諭（東京都立高校）から次のような指摘がありました。

　　この〈教育〉〔受験準備教育：引用者注〕は、疑問に対しては常に唯一の、あるいは絶対的な〈正答〉を用意するから、教師はカリスマ的存在になり、そこで教えられる知識、論理は一種の神託として生徒を支配する。そこでは、必然的に、問と答との間を短絡する思考が賞讃されることになる。(59)

　さらに付言しなければならないのは、学習センターを可能とする図書館自体の物的・人的環境の整備も、遅々として進んでいないということでした。学校図書館の施設・設備も、学習センターを支える「人」も、この時期には

貧弱なままでした。

　その学習センター構想は、ようやく1990年代中頃から「学習・情報センター」論が登場するなかで、その内実を豊かにしつつあります。この点については、第6章で詳述します。

注

(1) 厚生労働省「平成25年簡易生命表の概況」（http://www.mhlw.go.jp/toukei/saikin/hw/life/life13/dl/life13-02.pdf）［アクセス2015年2月14日］
(2) 文部省「新教育指針」、寺崎昌男編『日本現代教育基本文献叢書』（「戦後教育改革構想」第Ⅰ期第2）所収、日本図書センター、2000年、6―7ページ
(3) 秋山仁／かこさとし／阪上順夫／西本鶏介監修『総合百科事典 ポプラディア 新訂版』第7巻、ポプラ社、2011年、9ページ
(4) 前掲「新教育指針」7―8ページ
(5) 文部省編『初等科国語 7 教師用』文部省、1943年、7―8ページ
(6) クラウゼヴィッツ『戦争論』上、篠田英雄訳（岩波文庫）、岩波書店、1968年、58ページ
(7) 三浦綾子「道ありき」『塩狩峠／道ありき』（「三浦綾子小説選集」3）、主婦の友社、2001年、226―227ページ
(8) 前掲「新教育指針」22―28ページ
(9) 同文書7ページ
(10) 同文書「はしがき」
(11) 村井実全訳解説『アメリカ教育使節団報告書』（講談社学術文庫）、講談社、1979年、30―31ページ
(12) 文部省「日本における教育改革の進展」、文部省編「文部時報」第880号、帝国地方行政学会、1950年、8ページ。さらに同文書には、国定教科書を中心軸とした戦前の教育について、「教科書中心主義の戦前の教育では、教科書こそは唯一のよるべきものであり、教科書の中に取り入れられた教材は、国民にぜひ教えなければならないこととされていた。（略）戦後の新しい教育では、教科書は、児童生徒の学習活動を助けるための教具の一つ（略）と考えられるようになったのである」とも記されている（10ページ）。
(13) 図書館教育研究会『学校図書館学概論』（「学校図書館学叢書」第1集）、学芸図書、1950年、22ページ
(14) 前掲「日本における教育改革の進展」15ページ

(15)「学校図書館法を読む──逐条の解説と30年の歩み」「学校図書館」1983年7月号、全国学校図書館協議会、25─26ページ
(16)『第2次訪日アメリカ教育使節団報告書』(1950年)から。同報告書は、細谷俊夫／奥田真丈編『教育学大事典』(第一法規、1978年)に所収。「学校の心臓部」の部分は202ページに載っている。
(17)1950年に勃発した朝鮮戦争による日本経済の成長。ドッジラインの実施で深刻な不況に苦しんでいた日本は、同年6月に起きた朝鮮戦争で、朝鮮半島に出兵したアメリカ軍への補給物資の支援、建物の建設、破損した自動車の修理などの膨大な特需(特殊需要)を請け負うことによって、繊維・金属を中心に輸出を伸ばし、結果、日本経済は大幅に成長した。
(18)教育課程を編成する際の基準を示した学習指導要領は、教育で大きな位置を占めている。その学習指導要領は、戦後期の2回(1947年、51年第1回改訂)は、その性格も「試案」、あるいは教師が自分で研究していく際の「手引き」で、教師の仕事を補助するものだった。しかし、戦後第2回改訂の1958年の学習指導要領には「試案」の2文字はなく、「官報」公示となった。学習指導要領の法的拘束性の強調とともに、この期以降、学習指導要領の性格は大きく変化することになる。
(19)「改訂のねらいと主要点」、文部省編「文部時報」1958年9月号、帝国地方行政学会、2ページ
(20)閣議決定された際の名称は「国民所得倍増計画」である。10年以内に国民所得を倍増させるという経済政策。
(21)「教育課程審議会」、文部省編「文部時報」1957年11月号、帝国地方行政学会、40─41ページ
(22)文部省『日本の成長と教育──教育の展開と経済の発達』帝国地方行政学会、1962年、1─2ページ
(23)高校の必修単位と卒業単位の比率については、荒井克弘「再構築が急務な「高校教育のスタンダード」」(「学研・進学情報」2003年3月号、学習研究社、28─31ページ)による。
(24)矢野恒太記念会編『日本国勢図会 昭和49年版』国勢社、1974年、489─491ページ
(25)「落ち零れ」という言葉は『広辞苑』(第6版)にも採録されている。3番目の語義に、「普通一般から取り残された人。特に、授業についていけない生徒」(402ページ)と解説されているのがそれである。『広辞苑』は第1版(1955年)からこの言葉を採録している。「特に、授業についていけない生徒」が加わったのは、第5版(1998年)からである。また、日本最大の国語

辞典である『日本国語大辞典』(小学館)では、第1版(1972年)から「落零」が採録されているが、「人」と関連した語義が載っているのは、第2版(2001年)である。4番目の語義の最後に「学校で授業についていけない児童、生徒」と解説されている。両辞典とも、学校教育での「落ち零れ」の実態(一般化)を反映して、のちの版で「授業についていけない」子どもを解説に加えている。

(26) 「巨人・大鵬・卵焼き」とは、子ども(を含めた大衆)に人気があるものの代名詞として、経済成長期に流行語となった。「巨人(プロ野球)」「大鵬(大相撲)」「卵焼き(子どもの好きな料理)」を並べたもの。

(27) 木下繁弥「第3章 学力論争の展開」、肥田野直/稲垣忠彦編『教育課程〈総論〉』(「戦後日本の教育改革」第6巻)所収、東京大学出版会、1971年、592ページ

(28) 学校図書館法が衆議院に提案された際の提案理由(補足説明)の一節。前掲「学校図書館法を読む」24—27ページ。そのために、学校図書館費用の公費負担、司書教諭制度の法制化などを内容とした学校図書館法の制定は急務でもあった。

(29) 今野喜清「戦後の教育思潮と学習指導法の変遷」、文部科学省教育課程課・幼児教育課編「初等教育資料」1982年6月号、東洋館出版社、2—3ページ

(30) 文部省編『学校図書館における図書以外の資料の整理と利用』大日本図書、1960年

(31) 「教材センター論をめぐって(座談会)」「学校図書館」1961年5月号、全国学校図書館協議会、10—12ページ

(32) 裏田武夫「教材センター論についての覚え書」「学校図書館」1961年8月号、全国学校図書館協議会、8—11ページ

(33) 同論文11ページ。なお、教材センター、資料センターという呼称だが、この構想が出された頃は、両者が混在していた。しかしのちに、文部省は、「学校図書館の今後のあり方に対する文部省の考え方としては、教材センターを包括した資料センターということになる」(1961年に開催された第12回全国学校図書館研究大会での井沢純〔文部省の学校図書館担当官〕の講演)と述べ、資料センターへと統一されるようになった(前掲『学校図書館50年史』44ページ)。

(34) 前掲「教材センター論をめぐって(座談会)」16—17ページ

(35) 前掲「教材センター論についての覚え書」9ページ

(36) 井沢純「学校図書館法に思う②」、日本図書館協会図書館年鑑編集委員会

編『図書館年鑑』所収、日本図書館協会、1983年、314ページ

(37) 深川恒喜「視聴覚と図書館との神仏習合は、成るか成らざるか——メディアセンターへの展望」「視聴覚教育」1977年1月号、日本映画教育協会、66ページ

(38) 「教材センター論への4つの疑問」「学校図書館」1961年8月号、全国学校図書館協議会、12ページ

(39) 前掲「教材センター論をめぐって（座談会）」14—15ページ

(40) 笠原良郎「スキルの指導から学びかたの教育へ——利用指導の40年」「学校図書館」1990年12月号、全国学校図書館協議会、47—48ページ

(41) 前掲「視聴覚と図書館との神仏習合は、成るか成らざるか」66ページ

(42) 前掲『学校図書館50年史』45—46ページ

(43) 日本の農家人口は、1955年の3,634万7,000人から73年の2,438万6,000人に減少、特に専業農家戸数は、55年の210万6,000戸から73年の67万5,000戸へと急減した（『日本国勢図会 昭和49年版』国勢社、1974年、205—208ページ）。

(44) 総理府広報室が実施した「世論調査」の結果（1983年実施、全国20歳以上の者、約3,000人対象）によると、「今後どちらを求める傾向が強まるか」という問いに対して、①「心の豊かさ」（64％）、「物の豊かさ」（29％）、②「余暇・自由時間」（49％）、「所得・収入」（43％）、③「自然とのふれあい」（57％）、「生活の便利さ」（35％）となっている（矢野恒太記念会編『日本国勢図会 1984年版』国勢社、1984年、496—498ページ）。

(45) 経済企画庁総合計画局編『情報化社会における生涯教育——経済審議会教育・文化専門委員会報告』経済企画協会、1972年、15ページ

(46) 河野重男「学校の人間化が課題」「季刊教育法」第22号、エイデル研究所、1976年、59—60ページ

(47) 「小学校、中学校及び高等学校の教育課程の基準の改善について（答申）」、文部省編「文部時報」1977年2月号、ぎょうせい、30—32ページ

(48) 永井道雄／木田宏／奥田真丈「日本の教育と学力——いまの子どもに必要なものは何か」（「季刊教育法」第50号、エイデル研究所、1984年、180ページ）での発言。

(49) 前掲「学校の人間化が課題」59ページ

(50) 鈴木英二ほか「学校図書館の理念を探る」（「学校図書館」1970年1月号、全国学校図書館協議会、12ページ）での発言。また深川は、あるメディアセンターを論じた文書のなかでも、「「もの」という面からでなく、「学習」や「学力」という視点から、このメディアセンターを性格づけるときに、こ

れを、多様な学習活動が、総合的・有機的・関連的に営まれる場として「学習センター」Learning center として意味づけ、これを学校経営や教育課程の中に位置づけてゆく発想方法もぜひ忘れないようにしたいと考えるものである」と述べている（前掲「視聴覚と図書館との神仏習合は、成るか成らざるか」66ページ）。

(51) 佐野友彦「学校図書館の理念はどう変わったか その2」「学校図書館」1991年1月号、全国学校図書館協議会、53—54ページ
(52) 東京都大田区立田園調布小学校「いつでも誰れでも使える学習センターをめざして」「視聴覚教育」1978年7月号、日本映画教育協会、40ページ
(53) 高村象平「教育課程改訂の考え方——答申の主張は「急がば回れ」方式」「朝日新聞」1976年12月31日付
(54) 高村象平ほか「座談会 教育改革と学校図書館 その1」(「学校図書館」1978年7月号、全国学校図書館協議会、40ページ) での発言。
(55) 佐野友彦「学校図書館の理念はどう変わったか その1」、前掲「学校図書館」1990年12月号、17ページ
(56) 瀬戸真「自己教育力と図書館の利用」「指導と評価」1985年12月号、日本教育評価研究会、4—7ページ
(57) 「中央教育審議会教育内容等小委員会審議経過報告——昭和58年11月15日（全文）」「季刊教育法」第51号、エイデル研究所、1984年、162—172ページ
(58) 全国学校図書館協議会『学校図書館50年史年表』編集委員会『学校図書館50年史年表』全国学校図書館協議会、2001年、168—169ページ
(59) 柿沼隆志「危機の教育のなかで図書館利用指導を考える」「学校図書館」1974年5月号、全国学校図書館協議会、21—22ページ

第6章　「情報」と「学び」を結ぶ
―― 「学習・情報センター」としての学校図書館

1　学習・情報センター

1-1　「学校図書館の充実」に期待（細川首相）

　20世紀末の1990年代に入ると、学校図書館は大きく変化・発展を見せ始めました。

　1993年に細川護熙内閣が誕生しました。その最初の国会（第127国会）で、細川首相は、当時政権与党だった社会党の書記長から、「ゆとり」の視点に立つ次のような質問を受けました。

　　ゆとりの視点から、現在の授業内容や分量が将来の生活に本当に必要であるのかどうかの精査、洗い直しが求められています。私は、選択、調査、発見という子供の自己学習力の向上を考えたとき、これからの学校教育は、学校図書館活動を重視したものに変えるべきだと考えます。[1]

「ゆとり教育」は、1977年の学習指導要領改訂を機に始まり、小学校は80年度、中学校は81年度から施行されました。学習内容と授業時数が削減され、「ゆとりと充実を」がスローガンとなりました。この「ゆとり教育」は、その後の学習指導要領の改訂（1989年改訂）でも学習内容の精選、授業時数の削減という形で継続され、思考力・判断力・表現力などの諸能力の育成の充実がうたわれました。細川首相へのこの質問は、その1989年改訂学習指導要領が施行され始めたとき（小学校1992年度、中学校93年度）に出されたものです。

　質問は、自己教育能力と関連がある「選択、調査、発見」という視点から

の学校図書館の重要性を指摘したものです。その自己教育能力という言葉は、すでに1983年のある報告のなかで、「主体的に学ぶ意志・態度・能力」という内容を込めた概念として登場しています。その「主体的に学ぶ」という営みには、必要な情報を自ら検索、加工、分析し、新たな結果を創造するというプロセスが内在化されています。

　先の報告書にも、自己教育力を構成する要素に、「何をどのように学ぶかという学習の仕方についての能力を身に付けることが大切」であり、そのためには学校教育で「問題解決的あるいは問題探求的な学習方法を重視する必要がある」と述べていました。学習のプロセスでの「選択、調査、発見」の重要性です。

　それに対して、細川首相は次のように答えています。

　　学校図書館は、子供たちの知的な活動を促し、人格の形成や情操を養う上で重要な役割を担っているものでございますが、特に情報化が進んでいる中で、子供たちがみずから情報を活用し学習を進めていく力を育てる上でも、図書館の果たす役割は大きなものがございますし、新学習指導要領でもその活用が明示されている（略）、今後とも学校図書館の充実が図られることを期待をいたしております。

　答弁はまず、学校図書館が子どもたちの知的活動を促し、人格形成、情操の涵養に重要な役割を担っているという認識を示しました。「健全な教養を育成する」という学校図書館法（第2条）の目的を意識しているのかもしれません。

　「本」から知識だけではなくさまざまな感動を得た人は多いと思います。本書の第4章でも紹介しましたが、「朝日新聞」が実施したあるアンケート調査（回答者数3,038人、2012年7月14日付）によると、「人生を変えた本と出会いましたか」という質問に、42％の人が「はい」と答えています。その影響は、「生き方の目標を見つけた」「新しい発想に気づいた」「未踏の分野にはまった」など多様です。しかも、その「本」を読んだのが「10代以下」と答えた人が44％（「はい」の人のうち）にも達しています。「本」は、特に子どもに大きな影響を与えています。「人生を変えるかもしれない」ほどの影響を与えているのです。そして、その「本」を子どもに手渡す最も身近な

環境が、学校図書館なのです。

　さらに答弁は、「情報化」との関連について言及しています。「子供たちがみずから情報を活用し学習を進めていく力を育てる」という文言がそれです。情報を活用した学習の重要性と同時に、情報活用能力育成の重要性をも指摘したものです。

　情報を活用した学習を展開するには、必要な情報を何を媒介に入手（検索）するかが重要になってきます。子どもたちに「調べ学習」を課した教師が、その情報を入手するために「コンピューターを使って調べなさい」と指導をすることは、よく見られる光景です。もちろん、コンピューターにもたくさんの情報は詰まっていますが、そうした指導を受けた子どもは、ときには必要な情報は「コンピューターのなかにある」とだけ思いがちです。

　しかし言うまでもなく、情報はコンピューターのなかにだけにあるのではなく、新聞・テレビなどのマスメディアも含めて、多様な「媒体」のなかにあるのです。もちろん、印刷メディア（媒体）としての本や雑誌、新聞などにも多数の情報があります。情報がそうした多様な媒体のなかにある以上、「子供たちがみずから情報を活用」（細川首相答弁）する学びのプロセスには、こうした多様な媒体を介して情報を入手するという営みが内在化していなければなりません。

　国語辞典の代表である『広辞苑』を見ると、情報の入手方法に関する理解を知ることができます。国語辞典ですから「言葉」の解釈がされていますが、その解釈の変遷に、情報入手方法の理解の深まりを知ることができます。

　まずは、第2版（1955年）には、情報は「或ることがらについてのしらせ」（第1の解釈）と記されています。それが第3版（1988年）になると、第1の解釈にプラスして「判断を下したり行動を起したりするために必要な知識」という解釈（第2の解釈）がされています。そして第5版（1998年）になると、第2の解釈に変化が現れます。情報は「判断を下したり行動を起したりするために必要な、種々の媒体を介しての知識」と解釈されるようになりました。すなわち、情報は「種々の媒体を介して」入手されるという解釈が加わったのです。

　もちろん、こうした解釈の背後には、情報技術（特にコンピューター）の進歩と情報という言葉が密接に関係してきたことがあると思います。そのなかで、細川首相は、情報を入手する「種々の媒体」に、学校図書館資料を想

定し、学校図書館を駆使した学習の展開を期待したのだと思います。
　首相が答弁のなかで、「新学習指導要領でもその活用が明示されている」と発言したように、1989年改訂を受けて施行された新学習指導要領では、学校図書館の活用、情報の活用が強調されるようになりました。次のような変化です。
①総則で、(視聴覚教材や教育機器などの教材・教具の適切な活用を図るとともに)「学校図書館を計画的に利用しその機能の活用に努めること」と記された。学校図書館の「機能の活用に努める」という記述が加わり、学校図書館に対する積極的姿勢が示される。
②特別活動の部分では、「学級活動」のなかで、「学校図書館の利用」に加えて「情報の適切な活用」にも言及。さらに、高校分野では、特別活動のなかの「ホームルーム活動」に、初めて「学校図書館の利用、情報の適切な活用等」が明記される。
　教育課題として、「学校図書館の利用」が注目され、そのなかで「情報の適切な活用」も求められるようになってきたのです。
　情報を適切に活用するには、その入手方法が重要です。そのとき、子どもたちが、情報は「何となく」入手するのではなく、コンピューターを含めた「種々の媒体」を介して入手するという認識をもつことが大切なことです。その点で、学校図書館は、「情報の宝庫」としての学習環境であり、学校図書館資料は「種々の媒体」そのもの、特に「本」(書物)は、そうした「種々の媒体」の古典的で普遍的な資料です。子どもがそうした認識をもつことは、「情報を活用し学習を進めていく」(首相答弁)うえでも、大事なことだと思います。

1-2　学習・情報センターとしての学校図書館

①学習・情報センター論の登場
　その1990年代に、細川首相の「学校図書館への期待」発言と並行する形で、学校図書館機能としての学習・情報センター論がクローズアップされてきました。
　1990年代中葉には、全国学校図書館研究大会のテーマにも学習・情報センターという言葉が研究主題(または研究の重点)として登場しています。たとえば、

ⓐ「学習・情報センターとしての学校図書館」(1994年、秋田大会)
ⓑ「自ら学ぶ意欲を育て、自己教育力を養う学習・情報センター」(1996年、浦和大会)
ⓒ「自ら学ぶ意欲を育て、学ぶ力を身につけさせる学習・情報センター」(1998年、金沢大会)
などです。

　こうした学習・情報センター論は、この時期(1990年中葉)、文部省関係の報告書にも見られるようになりました。たとえば『児童生徒の読書に関する調査研究協力者会議報告書』(4)(1995年)では、「学習情報センターとしての学校図書館」という項目のなかで、その概念を次のように述べています。

　　　これからの学校図書館は、子供の主体的学習活動を支える場として、いわゆる学習センターという機能を効果的に発揮していくことが極めて重要である。また、社会の情報化が進展する中で、情報を収集・選択・活用する能力を育成することが重要になっており、学校図書館の持ついわゆる情報センターとしての機能を充実することも必要である。

「子供の主体的学習活動を支える」という観点から学習センターが、「情報を収集・選択・活用する能力を育成する」という観点から情報センターがそれぞれ論じられ、これらを合体した概念として、学習情報センターが提起されています。そしてこの頃から、文部省関連の文献にも、学校図書館の教育的機能として「読書センター」と並んで「学習・情報センター」が見られるようになりました。

　それに対し、情報化の推進を主眼とした「情報化の進展に対応した教育環境の実現に向けて(最終報告)」という報告書では、「学校図書館については、コンピュータやインターネット利用環境を整え、司書教諭の資質を向上し、「学習情報センター」としての機能強化を図っていく必要がある」(5)と述べ、コンピューターなどの利用環境の整備と関連づけながら、学習情報センターが論じられています。同時にこの報告書では、司書教諭が、情報教育推進の一翼を担う「メディア専門職」としての役割を果たすことを期待しています。

②「自発的で自主的な」学習を支える

　学習・情報センターとは、「子どもの自発的で主体的な学習活動を多様なメディアと豊富な資料により支える学校図書館」のことをいいます。ですから、学習・情報センターを理解するには、「自発的で主体的な学習活動」と「多様なメディアと豊富な資料」という両面からのアプローチが必要になります。

　まずは、この機能の中心概念である「自発的で主体的な学習」と学校図書館との関連について略述します。何よりも学校図書館は、本来「学習」と密接不可分の関係にある学習環境です。学校図書館法が制定される際の提案理由（衆議院）では、学校図書館の設置は「児童生徒の自発的学習」に必要不可欠であると説明されています。同法の「教育課程の展開に寄与する」（学校図書館法第2条）という規定は、こうした考えの法的表現です。

　学校図書館が、早い時期から「学習」の問題と向き合ってきたことは、全国学校図書館研究大会のテーマにも現れています。
ⓐ「学習能率を高めるために学校図書館をどのように活用するか」（1955年、徳島大会）
ⓑ「学習活動を盛んにするためには学校図書館の資料の充実利用をどうしたらよいか」（1956年、宇都宮大会）
ⓒ「学習に直結する学校図書館の運営」（1957年、札幌大会）
などがそれです。これらは、学校図書館法制定（1953年）直後のテーマです。

　しかし学校図書館は、その後日本が1955年前後から経済成長期に入ると、過密化した授業内容のなかで、その出番を封じられてしまいました。学校図書館が機能しなくても、学習（授業）は進行していったのです。

　そのため、学校図書館が改めて学習と結び付いてそのありようが論じられるようになるのは、（第5章で解説したように）経済成長が終焉期を迎えつつある1970年代に入ってからです。この頃、過密化教育の弊害が露出してきました。自主性や創造性の欠如も指摘され始め、「自ら学ぶ力」や「自己教育力」といった力の育成が大きな教育課題になり始めました。経済成長の終焉とともに、教育が子どもの「学び」とどう向き合うのかという課題に、改めて直面したのです。

　そうしたなか、子どもの「学ぶ力」「自己教育力」などの育成とかかわり、「学びの場」としての学校図書館が再認識されるようになりました。学校図

書館資料を積極的に使いこなして学習を進めていく、与えられた資料の利用だけではなく、自分で資料を見つけ出して活用していく、そうした「学習＝学び」の場として学校図書館が論じられるようになりました。第5章第3節で論じた学習センターとしての学校図書館です。

1990年代中葉からの学習・情報センター論は、こうした学習者の立場に立ったはたらきを描いた学習センター論の系譜を受け継いでいます。換言すれば、学習を、知識や情報の受容と捉える受動的営みから、新たに知識や情報を獲得・創造していく能動的営みと捉え、その営みを支援する学習環境として学校図書館を位置づける、そうした考えの延長線上に学習・情報センターは位置しているのです。

21世紀に入り、そうした学習・情報センターの教育的機能を改めて提起した報告書に『これからの学校図書館の活用の在り方等について』(6)があります。同報告書は、文部科学省が2007年度に設置した「子どもの読書サポーターズ会議」の報告書です。この報告書はその冒頭部分で、「学校図書館の機能・役割」として、「読書センター」と並列して「学習・情報センター」をあげ、この2つの機能の発揮を通じて学校図書館は「学校教育の中核」たる役割を果たすよう期待されている、と述べています。その学習・情報センター機能について、同報告書は、次のように論じています。

　　学校図書館は、児童生徒の自発的、主体的な学習活動を支援するとともに、情報の収集・選択・活用能力を育成して、教育課程の展開に寄与する。

そして、その機能の具体的発揮として、
ⓐ学校図書館で、図書やその他の資料を使って授業をおこなうなど、教科などの日常的な指導で活用される
ⓑ教室での授業で学んだことを確かめ、広げ、深める資料を集めて、読み取り、自分の考えをまとめて発表する
ⓒ図書や新聞、インターネットなどのデジタル情報など多様なメディアを提供して、資料の探し方・集め方・選び方や記録の取り方、比較検討、情報のまとめ方などを学ばせる授業の展開に寄与する
など、子どもの主体的な学習活動を支援する事項が列記されています。

こうした学習は、当然にも、知識を一方的に教え込むことになりがちだった教育から、子どもが自ら学び、自ら考える教育への転換を内在化しています。たとえば、次のような学習過程は、こうした転換の一例です。
ⓐ自らが解決に向け学習計画を立てる（学習方法の計画化）。
ⓑ必要な資料を自らが検索・選択する（情報の自己選択・入手化）。
ⓒそれらの資料を活用しながら学習活動を展開する（情報の分析・加工化）。
ⓓそれらの成果をまとめて発表する（入手した情報の外部化）。
　こうした学習が成り立つには、学びの場としての学校図書館が不可欠です。また情報活用能力（学び方を学ぶ）の指導も重要となってきます。学校図書館は、こうした能動的な力の獲得を支援しながら、子どもの自発的で主体的な学習活動を保障する学習環境です。それは同時に、子どもの自主性、創造性（想像性）、個性をも育てます。それが学習・情報センターなのです。

③「多様なメディアと豊富な資料」
　学校図書館を使った学習を展開するには、学校図書館に情報（資料）、いわば「種々の媒体」がなければなりません。「多様なメディアと豊富な資料」の存在です。学習・情報センターは、「種々の媒体」としての「多様なメディアと豊富な資料」を仲立ちとして実質化されるのです。そこで次に、「多様なメディアと豊富な資料」という観点から、学習・情報センターとしての学校図書館を考えてみます。
　細川首相が「学校図書館へ期待する」と答弁をした1993年に、文部省は学校図書館を充実するための方策として、図書の充実に焦点を当てた「学校図書館図書整備5カ年計画」を出しました。その内容は次のようなものです。
ⓐ公立義務教育諸学校の学校図書館の蔵書を、1993年度から5年間で約1.5倍程度に増やすこと。また学校規模ごとの整備目標としては、「学校図書館図書標準」を設定し、この水準まで図書の整備を図ること。(7)
ⓑ増加冊数分の図書を購入する経費として5年間で総額約500億円を地方交付税として措置すること
　この学校規模ごとの「標準」に基づいて標準冊数を算出すると、小学校12学級（18学級）で7,960冊（1万360冊）、中学校12学級（18学級）で1万720冊（1万3,600冊）となります。このまま、この措置が「実施」されていれば、1997年度末にはこの冊数の図書が整備されるはずでした。しかし、その整

備は遅々として進みませんでした。そのため、この「5カ年計画」は、何度かの単年度措置を経て、2002年度からは「第2次5カ年計画」として再出発し、総額約650億円（毎年130億円）が措置されました。しかし、計画途中の05年度末にいたっても、「標準」の達成率は、小学校約40.1％、中学校約34.9％にとどまっていました。すなわち、半数以上の学校が10年余りを経てもなお「標準」に達しない状況にあったのです。そのため07年度から11年度までの5年間にさらなる「5カ年計画」が策定され、総額約1,000億円（単年度約200億円）が措置されました。そして現在は、さらに12年度から開始された新たな「5カ年計画」によって、引き続き総額1,000億円（単年度200億円）が措置されています。

　しかし、こうした継続的な図書整備計画にもかかわらず、2013年度末にも達成率は小学校60.2％、中学校52.3％でしかありません。20年を経ても、達成率はようやく50〜60％というところです(8)。

　その理由は、この措置が「地方交付税」という財源に基づいているからです。地方交付税とは、地方公共団体間の財政力の格差を是正するため、国税の一定割合を国が配分するもので、国は、交付にあたっては、「地方自治の本旨を尊重し、条件をつけ、又はその使途を制限してはならない」（地方交付税法第3条第2項）とされている財源です。すなわち、交付を受けた自治体はこの財源を自由に使うことができるのです。使途は指定されていないのです。そのため、この財源が図書整備計画に生かされるには、各地方議会で予算化される必要があります。

　しかし、地方財政が厳しい折、自治体のなかにはこの財源を他の用途に回すところが少なくありません(9)。それだけに、この計画が実効的になるには、各地の図書館関係者、教育関係者をはじめとした多くの住民が予算化への声をあげ、議会議員や首長の学校図書館への理解を高めることが大切です。

　学校図書館資料の整備は、道半ばです。そして冊数が図書標準を満たしていても、「耐用年数」をはるかに過ぎた資料が書架を覆っている学校も少なくありません。そういう学校の書架からは古色蒼然とした雰囲気が漂ってきます。また、この「計画」には高校は含まれていません。高校には、行政が定めた標準冊数の基準もなければ、そのための特別な財源措置もされていないのです。そして、国立・私立の義務教育学校はこの交付税措置の適用外です。

しかし、20世紀も末に入った1993年に学校図書館資料の充実を図るための政策（「5カ年計画」）が策定され、それが今日まで継続している意味は大きいと思います。そして、この政策の早期の達成が、「人」の問題とあわせて、学校図書館活性化の「カギ」でもあります。
　「5カ年計画」が出された約10年後（2005年）に、文字・活字文化振興法という法律が成立しました。文字・活字文化の振興を総合的に推進するために国や自治体の基本的責務を定めた法律です。その第8条第2項では、国と地方公共団体に対して「学校図書館の図書資料の充実」を求めています。学校教育もまた「知的で心豊かな国民生活及び活力ある社会の実現」（同法第1条）に大きな役割を果たしています。その役割を担保するためにも、学校図書館資料の充実が求められています。
　また、子どもの読書活動の推進に関する法律（2001年）に基づいて、政府は「子どもの読書活動の推進に関する基本的な計画」を策定することを義務づけられています（第8条第1項）。最近の「計画」（2013年5月）には、「児童生徒の知的活動を増進し、様々な興味・関心に応える」、あるいは「各教科、道徳、外国語活動、総合的な学習の時間、特別活動において多様な教育活動を展開していく」ためにも、学校図書館資料を充実すべきことが明記されています。
　そして、さらに今日、その学校図書館資料は「図書」だけにとどまりません。情報技術の急速な進歩によってメディアは多様な記録方式を伴い発展しています。何よりも文字・記号系メディア自体が多様化し、文字情報だけでなく写真・図・絵などの視覚的情報があふれています。また音声系メディア、映像系メディアの多様化も目を見張るものがあります。
　さらに電子メディアの普及にも著しいものがあります。パッケージ系電子メディアには、CD-ROM、電子書籍などがありますが、CD-ROM に収められた百科事典や国語辞典は、図書館資料の一つとして学習にも役立つものです。またネットワーク系電子メディアの代表はインターネットですが、そのネット上を流れる情報量は膨大です。特に新しい情報を入手するには優れていて、学校図書館にも不可欠なメディアです。
　こうしたメディアの多様化のなかで、学校図書館には、文字どおり「種々の媒体」としての多様なメディア、豊富な資料を収集することが求められています。多様なメディアを整備することで、図書館資料は重層的な構成とな

り、子どもの多様な要求に応えることが可能になるのです。

　多様なメディアを、それぞれのメディアの特性に応じて併用して利用することが大切です。活字メディアと映像メディア、さらには電子メディア。そうしたメディアの長所を生かしながら、各メディアを複合的に利用することで、多角的な視点からの情報の入手が可能になるのです。

　学習・情報センターは、こうした多様なメディアから送り出される豊富な資料を積極的に収集し、それを提供することによって子どもの成長・発達を支援する学習環境です。

2　学習・情報センターを支える
　　──「学び方を学ぶ」:「利用指導」概念の変遷

2-1　情報とかかわった利用指導

①学習と情報の「橋渡し」

　今日の学校図書館は、学習・情報センターとしての教育的機能をもっています。しかし、この機能が発揮されるには、学習と情報を「橋渡し」する教育的営為が必要です。すなわち、学習という営みが自発的・主体的におこなわれるには、学習に必要な情報を検索し、分析・加工する「力」が不可欠です。その力が、学習と情報を「橋渡し」するのです。

　その自発的・主体的な学習態度（姿勢）や「力」は、指導者が何も指導しないで身につくわけではありません。指導者の「不作為」は、子どもに「困惑」をもたらします。

　ある課題を子どもに提示し、その課題を「図書館で調べなさい」と指示する様子は、学校ではしばしば見られる光景です。しかし、こうした指示を受けた子どものなかには、「図書館に放り込まれた」という思いを抱く子どももいます。事前に「調べ方」の指導を受けていないのです。「放り込まれた」子どもは、館内をあれこれ探し回り、何冊かの資料を手に取りますが、調べられずに終わることが多々あります。「困惑」するだけです。

　そうならないためには、資料を検索し、分析・加工する知識や技術を事前に指導することが必要なのです。「A」を調べるにはどんな資料を見たらいいのか、「B」の資料はどのように利用したらいいのか、「C」を調べるのに最もふさわしいメディアは何なのか、などを事前に指導することが必要なの

です。

　また、同じ「事柄」や「言葉」でも、資料によってその解説が異なることがよくあります。たとえば、本章で取り上げている「情報」という言葉を例にとってみます。『新明解国語辞典』(第6版)では、「ある事柄に関して知識を得たり判断のより所としたりするために不可欠な、何らかの手段で伝達(入手)された種種の事項(の内容)」という解説のあとに、「通常は、送り手・受け手にとって何らかの意味を持つ(形に並んでいる)データを指すが、データの表わす意味内容そのものを指すこともある」と説明しています。情報が、「データ」と結び付いて説明されています。しかし『広辞苑』(第5版)では、「あることがらについてのしらせ」に続いて、「判断を下したり行動を起こしたりするために必要な、種々の媒体を介しての知識」と説明しています。ここでは、情報を「知識」と結び付けて説明しているのです。情報とデータ、情報と知識、両辞典には異なった解釈がされています。「舟を編む」(12)ことは、容易なことではありません。言葉の意味でもこうした違いがあるのですから、「事柄」については、解説する人の考えによって大きな違いが生じることはよくあることです。

　こうした異なった解釈や解説にぶつかった子どもが、これらの解釈や解説に「なるほど」と思わなければ、さらに他の資料(辞典)にあたり、「なるほど」と思えるような情報(回答)を検索できるよう指導することが大切です。入手した情報を読み比べ、見比べながら、入手した情報が目的に合致した情報か、子どもにとって理解できる情報かなどを吟味する大切さを指導することが大切です。「なるほど」と思ったとき、その「回答」は子ども自身のものになります。そして、「調べる」ことの楽しさを実感し、また「調べよう」という契機につながるのです。

　こうした指導を通じて、学習は次第に、自分から進んでしたり(自発的)、自分自身の意志や判断に基づいておこなわれたり(主体的)するようになります。学習と情報を「橋渡し」するこうした教育的営為が、「自発的・主体的」な学習を担保するのです。

　こうした「橋渡し」は、学校図書館の世界では、長い間「利用指導」と称され、近年では「情報・メディアを活用する学び方の指導」といわれる分野です。その「橋渡し」も、時代の状況、教育の状況によって、その意義を変化させてきました。そこで次に、学習・情報センターを実質化するためのカ

ギともいえるこの「橋渡し」について、その時代状況をも含めながら論じます。

②「利用指導」の登場──「学習技術」の習得
　こうした「橋渡し」としての教育的営為は、戦後の早い時期には、「図書館教育」(library instruction) といわれていました。そうした用語を使用した最初の文献に、1952年に刊行された『図書館教育』があります。同書では、その図書館教育について、「児童生徒に、いかにして図書を活用するか、いかにして図書館を利用するかを指導しなければならないのである」(13)と記しています。その具体的指導事項として辞書、百科事典、特殊参考資料（統計書、報告書、雑誌・新聞、パンフレット、フィルムなど）、分類、目録などの情報検索に関する事項の他、読書衛生、図書の愛護など「エチケット」に関する事項も列挙されています。
　この「橋渡し」が、「利用指導」と呼び名を改めて登場するのは1960年代に入ってからです。61年刊行の『小・中学校における学校図書館利用の手びき』のなかで、「利用指導」という用語が初めて登場しました。同書では、その利用指導の意義を「学校図書館および学校図書館資料の利用に関するスキル（skill）の指導」と位置づけています。さらに同書は、利用指導が目標とする指導内容を「民主主義教育のもとにおいては、国語や算数の教育とも匹敵する学校教育における基礎能力の一つともいうべきものである」(14)と説明しています。手引書が、利用指導を民主主義教育と結び付け論じていたのは、すごいことだと思います。そして、具体的な指導事項として、学校図書館の概要から始まって、図書・図書館の歴史と現状、図書の構成、図書の分類と配列、目録、辞書・事典・索引類の利用、視聴覚資料の取り扱いと利用などの他、図書館道徳と読書衛生、読書法など、15項目（主題）が例示(15)されています。
　同書の2年後（1963年）に刊行された『学校図書館の管理と運用』にも、「利用指導」という用語が登場します。この書では、利用指導は「狭義」と「広義」に分けられていますが、「狭義」の利用指導は「図書館および図書館資料の利用に関する基礎的な知識・技能・態度を育成するための指導」(16)と説明されています。その指導事項としては、これまで「図書館教育」といわれてきた指導分野を引き継いでいます。具体的には、先の『小・中学校におけ

る学校図書館利用の手びき』で提起された15項目（主題）とほぼ同様の内容が例示されています。

　これらの文献からわかるように、利用指導は当初、「学習技術」を習得するための指導と捉えられていました。この当時、文部省初中局学校図書館担当者・井沢純は、「学校図書館」に寄せた論文（「教育課程の改訂と学図の利用指導」）のなかで、利用指導を「図書館という情報源を介して学習技術（スタディ・スキルズ）の育成をめざす指導」と、位置づけていました[17]。効果的な「学習」をおこなうためには、図書館や図書館資料に関する「知識・技能・態度」（学習技術）の習得が必要だ、それが利用指導の核心的な内容でした。

　そして、その利用指導という概念が学習指導要領に登場するのは、その数年後の1968年改訂の小学校の学習指導要領においてです。この改訂では、総則で「学校図書館を計画的に利用すること」が明記され（この部分は中学校も同様）、特に「特別活動」（学級指導）のなかで、初めて「学校図書館の利用指導」が例示されました。そして、1977年改訂では、中学校の「特別活動」（学級指導）でも、「学校図書館の利用の方法」が例示されました。「学校図書館を計画的に利用する」には、利用指導が必要とされたわけです。利用指導が、この時期に教育行政でも確かな一歩を踏み出すことになったのです。

③情報とかかわった利用指導

　学校図書館資料の多くは、物体としての「モノ」ですが、その「モノ」に内包されている「コンテンツ」に注目し、そのコンテンツを「情報」と捉える考え方は、情報化社会の登場・発展と深くかかわっています。

　その情報は、世の中に満ちあふれています。そうした膨大な情報の海に飲み込まれずに、必要な情報を取捨選択し、それを学習だけでなく日常生活に活用することは、情報化社会を生きる子ども（人々）にとって必須の要件です。そうした積極的な資質と態度の育成の重要性が、情報化社会の進展のなかで求められてきました。

　日本が情報化社会といわれる社会に入るのは、1970年代になってからです。「情報化社会」という言葉が使われた初期の文書の一つである「情報化社会へ向かって――われわれの課題」（「産業構造審議会情報産業部会答申」、1969年）は、「わが国を含め世界の先進社会は今日、情報化社会の扉を叩こ

うとしている」と、新しい時代への幕開けを告げました。

　その情報化社会の「扉」が開かれた1970年に、文部省から一冊の手引書が出されました。『小学校における学校図書館の利用指導』がそれです。この書は、先の1968年改訂の学習指導要領で初めて登場した利用指導について、その目標、内容、指導の実際などを解説したもので、指導すべき18項目（主題）を「情報・知識」という概念を軸に区分けしています。そのうちの2つが情報を軸に区分されています。ⓐ「知識や情報の検索方法に関する内容」、ⓑ「知識や情報の処理方法に関する内容」がそれです。前者には、分類、目録、百科事典・年鑑・図鑑の利用、雑誌・新聞の利用、インフォメーションファイルの利用、視聴覚資料の利用などが例示されています。後者には、書目作り、ノート・記録のとり方、ファイル資料の自作、発表法が例示されています。[18]

「資料」の検索と処理ではなく、「情報・知識」の検索と処理となっています。図書館資料を利用して情報・知識を検索し、その情報・知識の処理の方法を述べたのです。そのねらいを同書は、次のように説明しています。

　　〔情報化社会に成長し、学習する子どもたちが：引用者注〕、情報という概念
　　を理解し、必要に応じ自己の学習および日常生活に役立つ情報を迅速・
　　的確に検索・活用しうる知識・技能・態度を習得することにある。[19]

　この時期、「情報」とかかわった図書館資料（図書館）との向き合い方が、利用指導の中核的事項として、学校図書館の課題に登場してきたのです。[20]

　同様の認識は、文部省以外の文献にも見ることができます。全国学校図書館協議会が刊行した『学校図書館の利用指導の計画と方法』がそれです。同書では、情報としての図書館資料の検索・処理方法を軸に、利用指導の領域を13項目に整理し、それらを指導する担当学年と指導項目を明らかにした「学校図書館の利用指導体系表」を発表しました。そうした認識を示すにいたった背景について、次のように述べています。

　　現在は情報化時代といわれるが、われわれはさまざまな媒体を通じて、
　　知識・情報を得ることができる。と同時に、そのなかから必要なものを
　　選択し、活用する能力が身についていないと、多量の情報にふりまわさ

れたり、圧倒されたりする結果になりかねない。(略)したがって、資料や図書館を利用するための基礎技術を指導する利用指導は、大量化しつつある情報に処するための基礎技術を養うことにつながる。[21]

「資料や図書館を利用する」基礎技術が、「大量化しつつある情報に処する」ことに連動するという指摘です。すなわち利用指導が、図書館(資料)利用の「学習技術」だけでなく、情報化社会に対応した「情報処理技術」と結び付けて論じられるようになったのです。

2-2　「学び方を学ぶ」──「学習方法の民主主義」

①「自ら学ぶ」「学び方の習得」

　学習と情報を「橋渡し」する利用指導は、1980年代に入ると、「学び方を学ぶ」方法(力)と結び付けて論じられるようになりました。日本の教育が「自ら考える」「主体的に考える」力の育成に転換し始めた時期と一致しています。

　大学を含めて学校ではものごとを教えすぎるが、ある点では、本当に教えてもらいたいことをちっとも教えてくれない。すなわち、「知識はおしえるけれど、知識の獲得のしかたは、あまりおしえてくれない」と述べたのは、社会人類学者・梅棹忠夫(1920—2010)です。1969年刊行の『知的生産の技術』で、梅棹はこう述べています。「うけ身では学問はできない。学問は自分がするものであって、だれかにおしえてもらうものではない」、そのためには「情報の生産、処理、伝達について、基礎的な訓練を、小学校・中学校のころから、みっちりとしこんでおくべきである」[22]。自発的で主体的な学習をおこなうには、「知識の獲得のしかた」(学び方の学び)を習得することが重要だという指摘です。

　その「知識の獲得」とかかわり、アメリカ図書館協会(ALA)のある報告書(『ALA情報リテラシー会長諮問委員会最終報告書』)に興味深い指摘があります。同報告書では、情報リテラシーの定義と関連して次のような解説がされています。

　　情報リテラシーとは、'情報が必要であることを認識し、必要な情報を効果的に見付け、評価し、利用する能力'であり、情報リテラシーを身

に付けた人々とは、'知識の組織のされ方、情報の見付け方、情報の利用の仕方を知っている'、いわば'学び方を学んだ人々である'。

　ここでいう「学び方を学んだ人々」は、学校教育に引き付けて捉え直すなら、自己に必要な情報を自らの力で検索し、その情報を分析・加工、利用できる力を習得した人ということになります。その「力」、すなわち「学び方を学んだ」力が、「自発的で主体的な学習」を根底から支えることになるのです。
　1980年代に入ると、こうした「学び方の習得」は、日本の教育改革に関する報告書でも指摘されるようになりました。前述した長い名前の報告書（前掲「中央教育審議会教育内容等小委員会審議経過報告」）は、自己教育力の育成とかかわって、自己教育力の概念には「学習への意欲」に続いて「学習の仕方の習得」が含まれるとして、次のように述べています。

　　自己教育力は、さらに学習の仕方の習得である。今後の社会の変化を考えると、将来の日常生活や職業生活において、何をどのように学ぶかという学習の仕方についての能力を身に付けることが大切である。

　学び方を知らなければ、情報（知識）の量は所与のものを超えることは容易ではありません。しかし、学び方を知るなら、情報（知識）の量は無限に拡大していきます。また学び方を知ることは、疑問を解決し、興味を喚起し、新たな世界や未知の分野への探究を可能にすることでもあります。いわば、学び方を知ることにより、人間は知識の被注入者たる地位（客体）を脱し、自己が必要とする情報（知識）を検索・分析・加工し、それをベースに課題を自己追求し、自己解決を図れる地位（主体）へと転換することができるのです。
　その意味で、情報を検索し、分析・加工、発表する力を獲得することは、「自ら学ぶ力」を獲得することと同義です。「自ら学ぶ力」「自己教育力」のなかには、「学び方の習得」（学び方を学ぶ）が内在化されていなければならないのです。
　こうした観点に立って、学校図書館のこれまでの活動を振り返ってみるなら、学校図書館は「学び方の習得」に最も力を入れてきた学習環境であると

いえます。その学び方とかかわり、いまから約30年前の1985年に全国学校図書館協議会提言委員会が『学ぶものの立場にたつ教育を』という教育改革に関する提言書を刊行しました。そのなかに次のような指摘があります。

> 私たちが忘れてならないことは、(略)いい内容を教えることが大切だという「学習内容の民主主義」は強調されても、何が真実かを学び手自身に追究させ、発見させることを大切にしようとする「学習方法の民主主義」が、学校教育にはなおほとんど根を下ろしていないという事実である[25]。

「学習方法の民主主義」は、「学び方の学び」と深く関連しています。自分で情報(知識)を検索、分析・加工する術がなければ、「学習方法」は一方的な情報(知識)の受容になってしまいます。しかし術があれば、「学習方法」は「学び方の学び」とかかわり情報(知識)の獲得へとつながっていきます。「学習内容」を豊かにするためには、「学習方法」のありようが問われなければならないのです。

②レファレンス演習を経験して

学びの「橋渡し」の指導をもとに、レファレンス演習を経験した子どもは、課題の「回答」を発見したとき、一様に「やった！」という思いを抱きます。「レファレンス(reference)」の本来の意味は、参照、照会、参考などです。その動詞形は「refer」で、参照する、問い合わせる、照会する、などの意味があります(前掲『新コンサイス英和辞典』)。こうした用語が、図書館で使用されるときには、図書館サービスの一つとしての「レファレンスサービス」として登場します。知りたいことがら(情報や情報源、あるいは資料の利用方法など)に対する要求をもっている利用者に図書館員が応じて、その要求に合致すると思われる情報や情報源を提供したり、利用法を指導(援助)することを目的としたサービスです。今日の図書館にとっては、とても大切なサービスの一つです。

こうしたサービスを学校(学校図書館)で実践すると、子どもに大きな感動が生まれます。学びの「橋渡し」を指導したあとに、子ども各人に、指導者が作成した「レファレンス演習題」を課して、子ども自らがその演習題に

合致する「情報や情報源」を自校の図書館を利用して検索します。子どもがレファレンスサービスを学びの一環として「実践」するわけです。この際にはできるだけ、全員に異なった演習題を課して、子ども同士が互いに相談し助け合いながら「回答」を見つけ出すのがいいと思います。その「回答」へのプロセスは多様です。さまざまな資料を手に取りながら、「回答」にたどり着いたとき、「やった！」という思いを抱くのです。自分で検索して見つけ出した「回答」に感動し、そうしたプロセスをたどった自分に感動するのです。

「学習方法」が自らの手中に取り込まれたとき、そこから得た「回答」は、確かな思いとともに、体のなかに入り込んできます。「今度は、わからないことがあったら、自分で調べてみよう！」という思いを抱き、「自ら学ぶ」「自発的で自主的」な学習方法を習得できるのです。「学習方法」を「学び方の学び」と連動することは、学びの質的転換を生み出すことにつながるのです。

2-3 「学び方を学ぶ」──2つの文献

そうした視点から、「学び方の学び」（「学習方法の民主主義」）を提起した2点の文献を紹介しながら、学校図書館と「学び方の学び」との関連について、さらに論じたいと思います。

1冊目は、1982年に刊行された『自学能力を高める学校図書館の利用指導』です。同書は、利用指導を「自主学習の能力を育成するための、図書館や資料の活用法の指導」であり、「学び方の指導」であるという見地から、これまでの利用指導のあり方に大幅な見直しを加えました。その最大の変更点は、利用指導の目標が、「資料や図書館についての知識・技能・態度の指導」から「自主的な学習のしかたの指導[26]」へと変化したことです。そして、利用指導概念にも変化が生じました。その点に関し、同書は新たな利用指導の意義について、次のように述べています。

> 学校図書館の利用指導とは、児童生徒に図書館および資料の利用法を修得させることにより、主体的に学習する能力を育成する指導である。[27]

前述した「資料の利用法の修得」を通じた「学び方の指導」です。そして、

その中心概念である「主体的な学習」は、次のように説明されています。

> 児童生徒が、与えられた課題あるいは自ら設定した研究主題について、学習の計画を立て、必要な資料を収集し、それらを活用して学習活動を展開し、成果をまとめて発表することを意味している。[28]

「主体的な学習」には、課題の自己設定→学習計画の樹立→資料の収集→学習活動の展開→学習成果の発表、という一連のプロセスが含まれているという指摘です。そして、この「学習」を内実化するためには、図書館資料の検索、分析、加工に関する指導、すなわち利用指導が必要です。そして、その指導によって培われた「力」が「主体的な学習」を担保するのです。さらに、その「力」は、当該の教科学習はもとよりすべての学習活動を展開する際の基礎的「力」（自学能力）となり、次の「主体的な学習」を支えます。

2冊目は、翌1983年に刊行された『小学校、中学校における学校図書館の利用と指導』という文部省の手引書です。この書は、「学び方の学習に重点を移行する必要性」が主張され始めた社会を背景に、学校図書館の存在意義を次のように述べています。

> 学校教育が果たすべき重要な役割の一つは、児童生徒に、学ぶことの喜びを体験させ、その意義を理解させて、できるだけ早い時期から自主的な学習への動機付けをしておくことが必要である。つまり、学校教育の期間中に児童生徒に学習方法を習得させ、自主的な学習能力を育成することが肝要である。そのためには、学校図書館は初等教育から高等教育、更に生涯を通じて、効率的に学習を続けるための基礎的技能としての学ぶ方法を、組織的に学ぶための場として提供されなければならない。[29]

梅棹が指摘した「情報の生産、処理、伝達について、基礎的な訓練を、小学校・中学校のころから、みっちりとしこんでおくべきである」という指摘と同様の認識であり、同時に、「学び方を学ぶ」場としての学校図書館の重要性の指摘でもあります。「学び」と「学び方の学び」と「学校図書館」とが、1本の線で結ばれているのです。

さらに同書は、学校教育の進展と学校図書館活動の実践から大きく浮かび

上がってきたものに、「学習活動の質的転換」を促す社会的要請があったとして、次の2つの観点をあげています。
①情報化社会に呼応する観点からの学校図書館の教育的意義の再確認
②生涯学習の観点からの児童・生徒の主体的学習の重視

　この書でも、前書同様に「主体的学習」というキーワードが出てきます。今度は、「生涯学習」からの重要性の指摘です。
　その「主体的学習」とは、課題を自ら解決したいという意欲を高め、解決方法を自ら工夫して自分で解決するという学習態度を指しています。それを、学校図書館利用に当てはめれば、次のようになると思います。
ⓐ課題や研究主題に即した学習計画の樹立
ⓑ必要な資料の収集・活用による学習活動の展開
ⓒそして成果の発表

　こうした一連の過程は、生涯学習の基礎としての「学び方を学ぶ過程」そのものです。
　そして同書では、利用指導（利用と指導）の目標の一つとして「自ら考え、正しく判断する主体的な学習態度の育成」を掲げています。「自ら考え、正しく判断できる」子どもを育てるという教育像は、1976年に出された教育課程審議会答申の「キーワード」です。この答申に基づいて改訂（1977年）された学習指導要領では、「学校図書館の利用の指導」（小学校）、「学校図書館の利用の方法」（中学校）が明記され、義務教育での利用指導の必要性が学習指導要領上にも明文化されました。そうした趣旨を手引書として担保したのが、この『小学校、中学校における学校図書館の利用と指導』なのです。教育課程審議会での「自ら考え、正しく判断できる」子どもの育成という教育像は、学習指導要領に反映されて学校図書館の利用指導概念にも変化をもたらしたのです。

2-4　「学び方を学ぶ」ための体系表

①「資料・情報を活用する学び方の指導」（1992年）

　多様で膨大な情報に囲まれたなかで学校教育は営まれ、子どもはそうした情報と日々向き合っています。子どもにとっても、情報は生活の一部に組み込まれ、生活を左右しかねないものになっています。もちろん、学習自体も情報とどのように向き合うのか、その向き合い方が、学習に大きな影響を与

えます。それは生涯学習との関連でも同様です。

　1989年、学習指導要領が改訂されました。この改訂では、生涯学習の基盤を培うという観点に立ち、社会の変化に自ら対応できる心豊かな人間の育成を図ることを基本的なねらいとしました。そうしたなか、情報に対する能動的資質を育成することの重要性が、改めて提起されました。そのため、学習指導要領では、学校図書館に関して、次のように記述されました。

ⓐ総則で、「学校図書館を計画的に利用しその機能の活用に努めること」が明記される。学校図書館の「機能の活用に努める」との記述があらたに加わり、学校図書館の利用に対する積極的姿勢が示される。

ⓑ特別活動（学級活動）のなかでは、これまでの「学校図書館の利用」に加えて「情報の適切な活用」も掲げられた。

ⓒ高校分野では、特別活動（ホームルーム活動）に、初めて「学校図書館の利用、情報の適切な活用」が示された。このことにより、ようやく学校図書館の利用指導は、小・中・高校を通じて特別活動に位置づけられる。

　そうしたなか、全国学校図書館協議会は、1992年に新たな利用指導の体系表を発表しました。「資料・情報を活用する学び方の指導[33]」です。最大の変更点は、これまでの「利用指導」という名称を、「資料・情報」「学び方」というキーワードに変えた点にあります。また指導内容も、情報化への対応を軸に、対象項目を「情報」という概念で統一し、4領域に類型化しました。その4領域は次のとおりです。

ⓐ情報と図書館
　情報と生活のかかわりについて理解を深める。

ⓑ情報源のさがし方
　図書館での資料検索の基本としての目録・分類を軸に、情報源へのアクセス方法について理解を深める。

ⓒ情報源の使い方
　各種の参考図書の利用法などについての理解を深める。

ⓓ情報のまとめ方
　情報のまとめ方、研究発表の仕方について理解を深める。

　情報と生活（図書館）とのかかわり方から始まって、情報の検索・利用にいたるまでの一連の流れを含んでいます。

　その改訂の趣旨は、次のように説明されています。

現代の教育に強く求められているのは、断片的な知識の注入ではなく氾濫する大量の情報のなかから、必要なときに必要な情報を検索・評価・選択・活用し、新しい情報を創造・発信する能力の育成である。（略）それこそ子どもたちにとって、「学び方を学ぶ」学習活動である。

　豊かな学びを培うには、情報との向き合い方、情報の検索、評価、活用などの力が重要になってきたという認識です。それは、とりもなおさず、「学び方の学び」がいっそう必要になってきたことをも意味しているのです。

②「情報・メディアを活用する学び方の指導体系表」（2004年）
　資料やメディアが有形な「モノ」であるのに対して、情報は「無形状」です。その有形な「モノ」を使って「無形状」な情報を獲得していく、さらにその「無形状」な情報を分析・加工し、学習に取り込み、新たな「無形状」な情報を創り出していく。学習のプロセスとは、こうした情報を検索・分析・加工し、新たな情報を獲得していく過程です。その過程に、資料・メディアの宝庫、情報の宝庫としての学校図書館が、学びを保障する必然的なユニットとして登場するのです。
　1998年に出された学習指導要領は、「生きる力」「自ら学び自ら考える力」の育成を基軸に、「ゆとり」と「基礎・基本」の重視というこれまでの教育改革の動向を継承したものです。主体的に学ぶ方法の習得が生涯にわたる「生きる」力になるように、「学び方」の指導がさらに求められるようになりました。「生きる力」が「自ら学び自ら考える」力の育成とともに、21世紀初頭の学校教育のキーワードとして登場してきました。特に、この学習指導要領を機に創設された「総合的な学習の時間」は、多様な「モノ」を活用して「無形状」な情報を検索し、それを分析・加工する、そのための「学び方」の指導を重要視しています。
　こうした変化に対応して、全国学校図書館協議会は、2004年に利用指導の新たな体系表を発表しました。「情報・メディアを活用する学び方の指導体系表」[34]です。体系表に盛り込まれた指導内容も、子どもたちが自ら課題を見つけ、調べ、問題を解決してまとめていく一連の学習活動に沿うように、指導領域として4つの領域が設定されました。次の4領域です。

ⓐ学習と情報・メディア
　学習計画の立て方、情報・メディアの特性を理解する。
ⓑ学習に役立つメディアの使い方
　学校図書館やメディアを利用する。
ⓒ情報の活用の仕方
　情報を収集する、情報を効果的に記録する。
ⓓ学習結果のまとめ方
　学習したことをまとめ、発表・評価する。

　そして、領域ごとに、小学校（低学年、中学年、高学年）、中学校、高校での指導事項が詳細に例示されています。全体を通して、電子メディアにも注意が払われ、情報の取り扱い方（インターネット、著作権、情報モラル、個人情報）にも指導が及ぶようになりました。

2-5　学習・情報センターの可能性

　教育は、人類が生み出した知的文化財を、子どもの発達段階に応じて選択しながら伝達し、新たな価値を創造する営みです。その教育は、国民の基礎的素養とも関連しながら、一国の文化や科学のありようとも結び付いています。さらにまた、その営みは、学習内容の基礎や基本とかかわり「学力」の形成と深い関連を有しています。

　その「学力」をどう捉えるかは一様ではありません。国語辞典には、「学習によって得られた能力。学業成績として表される能力」（『広辞苑』）、「学習して得た知識と能力。特に学校教育を通して身につけた能力」（『大辞泉』〔第2版〕）など、学校教育の「結果」としての能力に力点を置いた解釈がされています。

　他方、新学習指導要領では、変化が激しいこれからの社会を生きる子どもたちに必要な力として「生きる力」を提起し、その力を構成する一つに「確かな学力」をあげています。その「確かな学力」は「知識や技能はもちろんのこと、これに加えて、学ぶ意欲や自分で課題を見付け、自ら学び、主体的に判断し、行動し、よりよく問題解決する資質や能力等まで含めたもの」と意義づけられています。すなわち、「結果」として獲得した能力だけではなく、結果を獲得する「プロセス」に内在する能力をも包含した語として説明されています。

「学力」は、「学業成績として表される能力」にとどまるものではないでしょう。何よりも、学力の根底には、子どもの疑問・興味・関心があります。「なぜだろう？」は学びの出発点ですし、「面白い、楽しい、ワクワクする」は、学びを拡大して持続させる原動力です。そのために、子どもには多くの体験活動（社会的・自然的経験）や読書活動が不可欠です。第4章で紹介したように、「就学前から中学時代までの読書活動と体験活動の両方が多い高校生・中学生ほど、現在の意識・能力が高い」という調査結果があります。その「意識・能力」には、未来志向、社会性、自己肯定、意欲・関心、論理的思考などが含まれています。そして、これらのなかには、「自分の能力を発揮するために学習や能力開発に取り組みたい」「科学技術の進展に対応して新たな技能を習得したい」（未来志向性）、「なんでも最後までやり遂げたい」「わからないことはそのままにしないで調べたい」（意欲・関心）、などの項目が含まれています。

　「学力」の根底には、自己の未来への確信、意欲・関心、疑問・興味といった「地下水脈」があるのです。そして、読書活動や体験活動がその地下水脈を豊かにしていくのです。またそうした地下水脈がなければ、「学業成績として表される能力」も向上しないのです。「学業成績として表される能力」と「地下水脈」とは密接不可分の関連にあります。

　そして「学び方の学び」は、その地下水脈をより豊かにするのです。「学び方の学び」のなかで、所与の知識に満足することなく新しい知識を得ようとする力、既知の知識をもとに情報価値の是非を判断する力、新たに得た情報（知識）を再構成し問題を解決しようとする力、そしてそれらを表現する力などの「力」も獲得されるのです。それだけに、「学力」を考えるうえでも、「学び方の学び」は重要なキーワードの一つなのです。

　新たな学校像と教育像が提起されている今日、学習・情報センター構想は、そうした提起に積極的にコミットし、学校改革を支える基軸としての可能性を秘めていると思います。そして、その可能性を根底で支えるのが、「学び方の学び」なのです。

注

（1）「第127回国会衆議院会議録」第5号、「官報」号外、1993年8月25日、9ペー

ジ
(2) 前掲「中央教育審議会教育内容等小委員会審議経過報告」162—172ページ
(3) 前掲「第127回国会衆議院会議録」13ページ
(4) 同報告書は、全国学校図書館協議会編『学校図書館の法規・基準』（全国学校図書館協議会、1997年、69—82ページ）に所収。
(5) 「情報化の進展に対応した教育環境の実現に向けて（最終報告）」、文部科学省教育課程課編「中等教育資料」1998年11月号、大日本図書、116、100ページ
(6) 前掲『これからの学校図書館の活用の在り方等について（報告）』
(7) 「学校図書館図書標準」に基づく図書の冊数基準については、前掲『学校図書館の法規・基準』（61ページ）を参照。
(8) 文部科学省児童生徒課『平成26年度「学校図書館の現状に関する調査」結果について（概要）』（http://www.mext.go.jp/a_menu/shotou/dokusho/link/__icsFiles/afieldfile/2015/06/02/1358454_01.pdf）［アクセス2015年6月10日］
(9) 「読売新聞」2010年3月6日付は、「09年度地方交付税で想定した額のうち、約8割しか図書購入に回らなかった」と報じている。また個別の県について、「読売新聞」2010年4月9日付は、埼玉県について「財政難で本は後回し!?学校図書交付税 3割は別用途に」、「北海道新聞」2010年5月29日付は、「09年度の道内の予算化率は49％」と報じている。
(10) 「子どもの読書活動の推進に関する基本的な計画」2013年5月（http://www.mext.go.jp/b_menu/houdou/25/05/__icsFiles/afieldfile/2013/05/17/1335078_01.pdf）［アクセス2015年6月10日］
(11) インターネット上では、誰もが自由に情報発信できるため、その内容や質の信頼性については疑問が指摘されている。また子どもにとって不適切な情報（いわゆる「有害情報」）も含まれている。それだけに、インターネットの利用にあたっては、子どもに対して適切な指導と配慮が求められる。またその利用も、コンピューター機器の操作が前提になるだけに、情報機器の活用能力（コンピューターリテラシー）が必要となる。これらの点も、これまでの印刷メディアとは異なる点である。
(12) 前掲『舟を編む』
(13) 図書館教育研究会編『図書館教育——読書指導の手引』（「学校図書館学叢書」第2集）、学芸図書、1952年、6ページ。なお、戦後の日本での学校図書館の利用指導の源流は、文部省編『学校図書館の手引』（師範学校教科書、1948年）にある。同書は、第4章「学校図書館の運用」第2節で、「図書および図書館利用法の指導」というタイトルのもとで利用指導を取り上げている。

その意義について、「新しい学習形態においては、生徒が教科書以外のいろいろの図書を調べ、さらに図書館などもできるだけ活用して行くようにならなければならないのであるから、そのためには、図書および図書館利用法の一般について、相当の指導が必要となって来る」(87ページ)と説明している。
(14) 文部省編『小・中学校における学校図書館利用の手びき』東洋館出版、1961年、113—114ページ。なお「利用指導」は、学校図書館法にその法的根拠がある。「図書館資料の利用その他学校図書館の利用に関し、児童又は生徒に対し指導を行うこと」(第4条第1項第4号)が、それである。
(15) 同書117ページ
(16) 前掲『学校図書館の管理と運用』180ページ
(17) 井沢純「教育課程の改訂と学図の利用指導」「学校図書館」1969年5月号、全国学校図書館協議会、26ページ
(18) 文部省編『小学校における学校図書館の利用指導』大日本図書、1970年、13ページ
(19) 同書14ページ
(20) こうした考えは、2年後に出された中学校の手引書(文部省編『中学校における学校図書館運営の手びき』大阪書籍、1972年)にも見ることができる。
(21) 全国学校図書館協議会利用指導委員会編『学校図書館の利用指導の計画と方法』全国学校図書館協議会、1971年、14ページ
(22) 梅棹忠夫『知的生産の技術』(岩波新書)、岩波書店、1969年、1—3、217ページ
(23) 図書館情報学ハンドブック編集委員会編『図書館情報学ハンドブック 第2版』丸善、1999年、350ページ
(24) 前掲「中央教育審議会教育内容等小委員会審議経過報告」165ページ
(25) 全国学校図書館協議会提言委員会編『学ぶものの立場にたつ教育を——21世紀を生きる教育 教育改革への提言』全国学校図書館協議会、1985年、20ページ。「学び方」の重要性の指摘は、近年では教育行政関係の文書にも見られる。文部科学大臣が、次の学習指導要領の改定にあたって中央教育審議会に諮問した文書(「初等中等教育における教育課程の基準等の在り方について」、2014年11月20日)は、子どもたちが自ら課題を発見し、その解決に向けて主体的・協働的に探求し、学びの成果などを表現・実践できることの重要性を指摘したあとに、「何を教えるか」という知識の質や量の改善はもちろんのこと、「どのように学ぶか」という、学びの質や深まりを重視す

ることが必要である」と述べている。
(26) 全国学校図書館協議会利用指導委員会編『自学能力を高める学校図書館の利用指導』全国学校図書館協議会、1982年、29ページ
(27) 同書9ページ
(28) 同書9ページ
(29) 文部省編『小学校、中学校における学校図書館の利用と指導』ぎょうせい、1983年、1、3ページ。ただしこの文献は、これまでの「利用指導」(狭義)という用語に代えて「利用と指導」という用語を持ち出し、その内容に狭義の利用指導だけでなく読書指導をも包含させた。そのため、これまでの利用指導概念に混乱をもたらした。
(30) 前掲『小学校、中学校における学校図書館の利用と指導』11ページ
(31) 同書12ページ
(32) 当時の学校現場での利用指導の実際を実証的に研究した論文がある。北島武彦らによる共同研究である。1982年に全国の小・中・高校から各1,000校(合計3,000校)を抽出しておこなったアンケート調査である。利用指導の実施状況は、小学校97.3%、中学校81.8%、高校90.7%であり、かなり普及していることがうかがえる。アンケートの質問項目に、「指導内容」に関する項目がある。その結果を各学校で実施している割合の合計から見ると、上位2項目は、「望ましい読書習慣を身につける」「集団で読書などの活動を楽しむ」であり、国語辞典・漢和辞典などの利用がそのあとに続いている(北島武彦ほか「学校教育における児童・生徒の情報処理能力の育成に関する研究」、日本図書館研究会編「図書館界」第35巻第3号、日本図書館研究会、1983年、138—143ページ)。
(33) 笠原良郎「「資料・情報を活用する学び方の指導」体系表をまとめて」「学校図書館」1992年7月号、全国学校図書館協議会、9—13ページ
(34) 森洋三「情報・メディアを活用する学び方の指導体系表」「学校図書館」2004年5月号、全国学校図書館協議会、14—17ページ
(35) 松村明監修、小学館大辞泉編集部編『大辞泉 第2版』小学館、2012年
(36) 前掲『子どもの読書活動の実態とその影響・効果に関する調査研究報告書〔概要〕』

［監修者略歴］
大串夏身（おおぐし なつみ）
1948年、東京都生まれ
昭和女子大学人間社会学部特任教授
日本図書館情報学会、日本学校図書館学会などの会員
著書に『調べるって楽しい！』『これからの図書館・増補版』（ともに青弓社）、共著に『図書館概論』（学文社）など多数

［著者略歴］
渡邊重夫（わたなべ しげお）
1943年、北海道生まれ
北海道学芸大学（現・北海道教育大学）札幌分校卒業
日本図書館学会賞受賞（1990年）。藤女子大学教授を経て、現在は北海道教育大学学校・地域教育研究センター共同研究員、北海学園大学などで非常勤講師、日本図書館情報学会会員、日本図書館研究会会員
著書に『学校図書館の対話力』『司書教諭という仕事』『図書館の自由を考える』『子どもの権利と学校図書館』『図書館の自由と知る権利』（いずれも青弓社）、『学校図書館の力』『学校図書館概論』（ともに勉誠出版）、『学習指導と学校図書館』『司書教諭のための学校経営と学校図書館』（ともに学文社）

学校図書館学 1

がっこうけいえい　がっこうとしょかん
学校経営と学校図書館

発行　──── 2015年7月10日　第1刷
定価　──── 1800円＋税
監修者　──── 大串夏身
著者　──── 渡邊重夫
発行者　──── 矢野恵二
発行所　──── 株式会社青弓社
　　　　　　　〒101-0061 東京都千代田区三崎町3-3-4
　　　　　　　電話 03-3265-8548（代）
　　　　　　　http://www.seikyusha.co.jp
印刷所　──── 三松堂
製本所　──── 三松堂
©2015
ISBN978-4-7872-0055-6 C0300

渡邊重夫
学校図書館の対話力
子ども・本・自由

子どもの創造性と自主性を培い、批判的精神を育てる学校図書館。その教育的意義や歴史を再確認し、外部の力学からの独立を訴え、特定の図書の閉架や「焚書」の検証を通して、対話力を備えたあり方を提言する。　定価2000円＋税

大串夏身／村木美紀／星野 渉／植村八潮／湯浅俊彦 ほか
読書と図書館
図書館の最前線4

現代の高度情報化社会では、適切な情報と既存の知識とを組み合わせて新しい知恵を創出するために、自身の考え方を養う読書が最重要である。読書推進の試みを紹介し、読書に果たす図書館の役割と可能性を探る。　定価2000円＋税

大串夏身
これからの図書館・増補版
21世紀・知恵創造の基盤組織

地域の情報拠点・読書施設であり、各県の知的遺産保存など地方自治の中心として重要な役割をもつ県立図書館は、インターネット時代に対応したサービスを徹底し、住民の参加によって運営されるべきだと提言する。定価2000円＋税

宮下明彦／牛山圭吾／大串夏身／西入幸代／茅野充代 ほか
明日をひらく図書館
長野の実践と挑戦

公共図書館と学校図書館の意欲的な取り組みや地域の読書運動などが人を支え育てている長野県の生き生きとした活動の成果をレポートし、県を超えた普遍的な経験・教訓として、図書館の豊かな可能性を指し示す。　定価2000円＋税

岡本 真／森 旭彦
未来の図書館、はじめませんか？

図書館にいま必要な「拡張」とはなにか。市民と行政、図書館員が図書館の魅力を引き出す方法や発信型図書館をつくるためのアイデアを示し、地域を変えて人を育てる「未来の図書館」への道を照射する提言の書。　定価2000円＋税